ISBN : 2-226-05292-5

# TUPPERWARE

30 ANS • 30 CHEFS • 30 MENUS

# TUPPERWARE

## 30 ANS • 30 CHEFS • 30 MENUS

CONSEILLER ARTISTIQUE
JACQUELINE SAULNIER

PHOTOGRAPHIES
BERTRAND BOUËT-WUILLAUMEZ

ALBIN MICHEL

La cuisine française est la meilleure du monde et le repas une véritable cérémonie familiale ou amicale, peut-être l'événement le plus important de la journée des Français. Certes, les tracas de la vie moderne, l'accroissement du travail féminin, le temps passé dans les transports ont compliqué la tâche de la mère de famille. Mais, heureusement, des produits nouveaux sont venus faciliter leur travail : conserves, surgelés, aliments sous-vide, plats préparés, micro-ondes, robots... Parmi ces « aides ménagères » du présent et du futur, TUPPERWARE s'est taillé depuis longtemps une place à part, essentielle par la qualité de ses produits, par leur conception intelligente, facile et même astucieuse.

Dans le même temps, avec l'amélioration constante de la qualité et de la fraîcheur des produits et le fait que certains — le saumon par exemple —, naguère de luxe, sont devenus d'un accès plus facile, la cuisine familiale, sans cesser d'être traditionnelle, s'est rapprochée de la grande cuisine. De là, le grand intérêt de ce livre où les chefs les plus prestigieux, étoilés, couronnés, toqués, livrent leurs recettes les plus secrètes et, surtout, les rendent accessibles à tous.

Là aussi, on s'aperçoit que les accessoires TUPPERWARE leur sont indispensables. Les menus qu'ils nous proposent confirment cette réussite : une parfaite symbiose entre la cuisine professionnelle et les accessoires TUPPERWARE et, pour le prouver, 30 menus et 90 recettes « inratables » car toujours bien expliquées, de la plus facile à la plus sophistiquée. Cela pour vous permettre de mieux vivre en TUPPERWARE votre cuisine de tous les jours et celle des grands jours.

Avec gourmandise...

Jacqueline Saulnier

Janvier 1991

SOMMAIRE

NOUS REMERCIONS LES CHEFS QUI NOUS ONT CONFIÉ LEURS PLUS BEAUX MENUS.

LES QUANTITÉS INDIQUÉES POUR L'ÉLABORATION DES RECETTES SONT DONNÉES POUR 4 PERSONNES, SAUF PRÉCISION CONTRAIRE.

LES TROIS MENTIONS QUI PRÉCÈDENT CHAQUE RECETTE QUALIFIENT, DANS L'ORDRE : LA DIFFICULTÉ OU LA DURÉE DE LA PRÉPARATION, LE TEMPS DE CUISSON ET LE COÛT.

LES MOTS SUIVIS D'UN ASTÉRISQUE SONT RÉPERTORIÉS DANS LE LEXIQUE DES TERMES CULINAIRES P. 133.

# NICOLAS ALBANO

Tout est séduisant dans cette belle demeure, jadis charmante guinguette, qui regarde le pittoresque petit port de pêche.
La cuisine reste fidèle au Languedoc et à ses bons produits. La jolie salle du restaurant est ouverte à la fois sur le jardin et sur la mer, les chambres sont coquettes et gaies. La famille ALBANO reçoit avec le sourire une clientèle fidèle qui se bouscule pour déguster les créations de Nicolas, imaginatives avec sagesse et sans afféterie. La plus belle table de la région sans aucun doute.

**LA TAMARISSIÈRE**

21, quai Théophile Cornu - 34300 AGDE
Tél. : (16) 67 94 20 87

LA TAMARISSIÈRE

POUR GAGNER DU TEMPS, PRÉPAREZ À L'AVANCE LE BOUILLON ET LA SAUCE DE LA MIJOTÉE. LES PRODUITS DE LA MER SERONT ALORS PRÊTS A ÊTRE DÉCORTIQUÉS. AVEC LA MIJOTÉE DE SOLES ET HOMARDS, JE CONSEILLE UN ROSÉ DE PROVENCE OU UN CHÂTEAUNEUF-DU-PAPE BLANC. LE GÂTEAU MOUSSEUX SERA AUSSI BON AVEC DE LA (VRAIE) VANILLE LIQUIDE, PLUS PRATIQUE ET AUSSI PARFUMÉE. IL PEUT ÊTRE ACCOMPAGNÉ D'UNE CRÈME ANGLAISE.

# BOUILLON DE CRUSTACÉS AUX TRUFFES DE TRICASTIN

FACILE

RAPIDE

CHER

4 coquilles Saint-Jacques
4 grosses langoustines
4 crevettes royales
500 g d'étrilles
150 ml de vin blanc sec
un assortiment de mini-légumes : 4 poireaux, 4 carottes, 4 navets,
2 fenouils
2 belles truffes
1 cuillère à soupe d'huile d'olive
1 petit bouquet garni
2 branches de cerfeuil
gros sel, poivre du moulin

Nettoyez les Saint-Jacques dans la passoire double TUPPERWARE. Lavez rapidement le corail et la noix, retirez le nerf qui entoure celle-ci et la partie noire du corail.

Réservez*. Lavez avec soin les barbes, toujours sableuses.

Décortiquez les langoustines et les crevettes, mettez les têtes et les carapaces écrasées avec les barbes et les étrilles dans un faitout. Versez 150 ml de vin blanc et environ 1 l d'eau. Salez, ajoutez le bouquet garni, les tiges de cerfeuil (réservez les feuilles). Portez rapidement à ébullition sans couvrir, écumez jusqu'à ce que le liquide reste clair, poivrez, couvrez aux 3/4, baissez le feu et laissez réduire.

Lavez les mini-légumes, partagez en deux les fenouils. Brossez les truffes et émincez-les avec la râpe multi-usages TUPPERWARE, réservez. Passez au chinois le bouillon devenu goûteux sans presser pour qu'il reste clair. Faites-y blanchir* les légumes en les gardant bien « croquants ».

Versez l'huile dans une poêle antiadhésive et faites-y dorer les langoustines 30 secondes de chaque côté, puis les crevettes jusqu'à ce qu'elles rosissent et aussitôt les noix, coupées en deux si elles sont épaisses, et le corail 1 mn de chaque côté.

Retirez à la spatule TUPPERWARE, dans 4 assiettes chauffées, d'abord les crevettes, puis les langoustines et, enfin, les coquilles Saint-Jacques. Ajoutez les lamelles de truffes, les mini-légumes, le cerfeuil. Versez une louche de bouillon et servez aussitôt.

# MIJOTÉE DE SOLES ET HOMARDS

DÉLICATE

MOYENNE

TRÈS CHER

2 homards (350 g chacun)
4 coquilles Saint-Jacques
4 filets de sole (100 g chacun) et leurs parures*
100 g de beurre
1 cuillère à soupe d'huile d'olive
2 tomates, 1 poireau
2 gousses d'ail
3 brins de fenouil sec
50 ml de cognac
150 ml de crème fleurette
100 g de mirepoix*
sel et poivre du moulin

Préparez la sauce bisque à l'avance. Fendez les homards en deux dans la longueur ainsi que les pinces et décortiquez-les. Nettoyez les Saint-Jacques dans la passoire double TUPPERWARE et gardez leurs barbes. Préparez une mirepoix* : dés de carottes, oignons, céleri et jambon. Faites revenir à l'huile dans un faitout. Ajoutez les parures, les carapaces, les barbes.

Laissez cuire quelques minutes en remuant, flambez au cognac, mouillez avec le vin blanc, poivrez, salez, ajoutez les tomates coupées en quatre, le poireau tronçonné, l'ail écrasé, le fenouil. Faites cuire doucement 25 mn. Passez au chinois en pressant bien avec une cuillère, pour extraire tous les sucs*. Réservez*.

Coupez en deux dans l'épaisseur les noix de Saint-Jacques. Faites chauffer l'huile et une noix de beurre dans une vaste sauteuse. Faites-y revenir quelques secondes de chaque côté et, dans l'ordre, les filets de sole, les homards et les noix de Saint-Jacques.

Versez la sauce dessus et, à feu très doux, faites cuire 5 mn.

Battez la crème fleurette dans le petit bol batteur TUPPERWARE. Chauffez 4 assiettes.

Répartissez dedans coquillages, crustacés et filets. Montez rapidement la sauce avec le beurre en fouettant* vivement, puis incorporez la crème battue. Nappez-en les assiettes et décorez avec du cerfeuil et de la ciboulette ciselés*.

# GÂTEAU MOELLEUX AU CHOCOLAT ET SA PURÉE DE FIGUES

FACILE

RAPIDE

RAISONNABLE

30 g de beurre ramolli
100 g de chocolat amer
100 g de sucre semoule
1 gousse de vanille
100 g de farine tamisée
1/4 de sachet de levure alsacienne
125 ml de lait froid bouilli
2 œufs
250 g de figues sèches
1 bouteille de Muscat de Frontignan

La veille, hachez les figues sèches dans le grand bol mélangeur TUPPERWARE, couvrez-les de Muscat, fermez et laissez macérer* 24 h.

Le lendemain, beurrez le moule à cake.

Faites ramollir au bain-marie le chocolat cassé en petits morceaux.

Fendez la vanille en deux dans la longueur et retirez toute la pulpe intérieure.

A l'aide du séparateur à œufs TUPPERWARE, dissociez les blancs des jaunes dans deux bols différents.

Dans un autre grand bol, travaillez le beurre restant avec une spatule jusqu'à ce qu'il soit crémeux. Sans cesser de travailler le beurre, incorporez en pluie les 2/3 du sucre semoule. Ajoutez les jaunes un par un, puis la pulpe de vanille et le chocolat fondu et juste tiède.

Préchauffez le four à th. 6.

Travaillez encore la pâte en y ajoutant en pluie, à l'aide du Tamis duo TUPPERWARE, la farine mêlée à la levure, puis le lait. Battez les blancs en neige ferme avec le reste du sucre et mêlez délicatement à la pâte. Versez 2/3 de mélange dans le moule, égalisez avec la spatule étroite TUPPERWARE, recouvrez de figues macérées, versez le reste de pâte et enfournez 20 mn.

Laissez tiédir 15 mn avant de démouler et servez-le coupé en tranches.

# GHISLAINE ARABIAN

D'une famille traditionnellement gourmande, admirable pâtissière, Ghislaine ARABIAN a transformé avec son mari Jean-Paul, formé dans les plus grandes maisons, le Restaurant en un établissement élégant et raffiné. Elle s'est aussi mise au « piano » avec une équipe talentueuse et propose une carte inspirée par la proximité de la mer, avec les produits du pays qu'elle va chercher tous les matins. Jean-Paul reçoit avec beaucoup de charme et offre une éblouissante carte des vins.

LE RESTAURANT

1, place Sébastopol - 59000 LILLE
Tél. : (16) 20 57 05 05

LE RESTAURANT

LES MOULES ET LES POIREAUX DE LA SOUPE PEUVENT CUIRE À L'AVANCE ET SE CONSERVER AU FRAIS DANS LEUR JUS DANS LE GRAND BOL MODULAIRE 2 L TUPPERWARE. ON LES ASSEMBLERA ET LES RÉCHAUFFERA AU DERNIER MOMENT PENDANT QUE CUISENT LES ÉLÉMENTS DU PLAT PRINCIPAL. LE SABAYON DU DESSERT PEUT AUSSI ÊTRE FAIT À L'AVANCE ET SERVI FROID, ALORS QUE LE PAIN PERDU PEUT SE PRÉPARER EN FIN DE REPAS. LA GLACE S'ACHÈTERA TOUTE FAITE CHEZ UN BON GLACIER.

POUR ACCOMPAGNER CE REPAS ORIGINAL, JE CONSEILLE UN MUSCADET SUR LIE.

# SOUPE DE MOULES AU SAFRAN

FACILE

RAPIDE

RAISONNABLE

1 kg de moules de bouchot
3 petits poireaux
1 oignon
1 branche de céleri
500 ml de vin blanc sec
thym et laurier frais
1 cuillère à soupe de Maïzena
1 capsule de safran (3 g)
250 ml de crème fleurette
250 ml de crème fouettée
1 noix de beurre
1 cuillère à café d'huile d'arachide
poivre noir du moulin

Tronçonnez les petits poireaux épluchés et lavés. Faites-les s'attendrir à feu très doux dans le beurre, salez et poivrez, couvrez. Si nécessaire, ajoutez un peu d'eau.

Réservez* au chaud dans un bol modulaire 2 l TUPPERWARE.

Épluchez et lavez la garniture : céleri, oignon.

Hachez menu et faites revenir dans un filet d'huile sans coloration. Ajoutez les moules nettoyées, poivrez et versez le vin. Couvrez et faites cuire 7 mn à feu assez vif.

Après ce temps, retirez les moules avec la spatule ajourée TUPPERWARE, tenez-les au chaud et filtrez le jus. Décoquillez les moules, réservez-les au chaud. Mettez le jus filtré dans une petite casserole non oxydable, ajoutez la crème fleurette et faites réduire de moitié. Pendant ce temps, fouettez* la crème, incorporez-la à la réduction après avoir ajouté le safran. Goûtez et rectifiez l'assaisonnement.

Mêlez poireaux et moules dans chaque assiette creuse bien chaude. Versez par-dessus la soupe crémée brûlante. Servez sans attendre.

# KIFFERS GRILLÉS ET POMMES DE TERRE À LA PEAU

FACILE

RAPIDE

ÉCONOMIQUE

4 kiffers (harengs fumés)
ou 8 filets de harengs
8 pommes de terre
« ratte du Touquet »
200 ml de crème fleurette
1 citron non traité
sel, poivre noir concassé
pain de campagne

Lavez avec soin les pommes de terre et cuisez-les 20 mn dans leur peau et dans de l'eau salée. Pendant ce temps, grillez les kiffers des deux côtés ou les filets côté peau.

Pendant ces cuissons, fouettez* la crème dans le bol batteur 1,5 l TUPPERWARE, rajoutez une pincée de sel (pas trop à cause des poissons), du poivre et un filet de jus de citron.

Disposez en étoile, dans un grand plat brûlant, les « ratte du Touquet » coupées en deux dans la longueur, rangez par-dessus les filets ou les kiffers ouverts et nappez* de crème fouettée.

Servez avec une salade de « chicons » (c'est le surnom régional de nos endives) dans des assiettes très chaudes, sans oublier, pour chaque convive, deux tartines de pain de campagne grillées et encore croustillantes.

# PAIN PERDU ET SABAYON

DÉLICATE

RAPIDE

RAISONNABLE

1 pain brioché
en tranches
4 œufs
200 ml de lait bouilli
55 g de sucre en poudre
2 cuillères à soupe
de vanille liquide
100 g de beurre
150 ml de bière brune
du Nord
1 l de glace à la vanille

Préparez d'abord le sabayon : fouettez* dans une casserole 25 g de sucre avec 2 jaunes d'œufs jusqu'à ce qu'ils moussent et blanchissent. Détendez* avec un filet de bière tout en fouettant. Posez sur feu doux et, sans cesser de fouetter vivement, versez la bière en filet. Continuez de fouetter jusqu'à ce que le sabayon soit onctueux et mousseux. Réservez*.

Mettez le lait dans le pichet gradué 2 l TUPPERWARE avec la vanille et le sucre. Battez bien. Versez dans une assiette creuse ou un bol.

Cassez les œufs dans le shaker TUPPERWARE. Agitez jusqu'à obtention d'une mousse crémeuse que vous versez dans un autre bol.

Trempez les tranches de pain brioché d'abord dans le lait, puis dans les œufs et faites-les frire des deux côtés dans une poêle avec du beurre bien chaud. Réservez au fur et à mesure sur du papier absorbant.

Servez sur de jolies assiettes, le fond couvert de sabayon, le « pain perdu » posé dedans. Décorez d'une quenelle (faite à la cuillère) de glace à la vanille dont le parfum et le goût sont encore renforcés par une pointe de couteau de pulpe de vanille fraîche.

Dégustez sans attendre.

# MICHEL AUGEREAU

AUBERGE
JEANNE DE LAVAL

Une merveilleuse maison fleurie au bord de la Loire où la famille vous accueille comme des amis dans un décor renouvelé, tout de charme, de confort et de raffinement.
Michel AUGEREAU, trop modeste pour son immense talent, passionné des meilleurs produits de l'Anjou, ne quitte guère sa cuisine où il prépare un beurre blanc sans égal et toutes les spécialités angevines dont son père lui a confié les secrets et les finesses. Sans négliger pour autant quelques plats novateurs bien maîtrisés. Tout cela servi généreusement et accompagné d'un choix impressionnant de grands et bons millésimes où les beaux vins de Loire sont bien représentés.

AUBERGE
JEANNE DE LAVAL

54, rue Nationale - 49350 LES ROSIERS-SUR-LOIRE
Tél. : (16) 41 51 80 17

AUBERGE
JEANNE DE LAVAL

LE FOIE GRAS EST INRATABLE ET SE GARDERA PARFAITEMENT AU FRAIS.
LE CUL DE VEAU EST MEILLEUR RÉCHAUFFÉ ET SERA SERVI AVEC UNE SALADE FRAÎCHE. LA TARTE, CUITE À L'AVANCE, SERA GARNIE DE POIRES DÉJÀ CUITES, LAISSÉES DANS LEUR JUS ET ÉGOUTTÉES AU MOMENT DE LA PRÉPARATION.
NOUS CONSEILLONS AVEC LE FOIE GRAS ET LE CUL DE VEAU UN QUART DE CHAUME, CHÂTEAU BELLERIVE 85. ET SUR LE DESSERT, UN CRÉMANT DE LOIRE : LE SAPHIR DE BOUVET À SAUMUR.

# TERRINE DE FOIE GRAS

DÉLICATE

RAPIDE

CHER

1 foie gras frais de canard d'environ 450 g
100 ml de vin blanc (Coteaux du Layon)
1 cuillère à café de gros sel de Guérande moulu frais
1 cuillère à café de poivre noir fraîchement moulu
1 l de fond* blanc de volaille
1 petite branche d'estragon

Mettez le foie à dégorger* dans la boîte modulaire compacte 1,9 l TUPPERWARE avec de l'eau fraîche à quelques centimètres au-dessus. Une demi-heure avant la préparation, jetez l'eau et remplacez-la par une eau à peine tiède (30°) pour assouplir le foie et le rendre plus facile à travailler.

Séparez des deux mains les deux lobes avec précaution. Avec un petit couteau pointu retirez la fine pellicule qui recouvre le foie et les nerfs, les veines et la partie superficielle verte tachée par le fiel. Déposez les deux lobes dans la petite boîte à viande TUPPERWARE juste à leur taille, côte à côte, la partie ouverte vers vous.

Salez et poivrez légèrement. Arrosez avec le vin des Coteaux du Layon et poivrez encore.

Fermez avec le couvercle et entreposez au réfrigérateur pendant 10 à 12 h en retournant le foie deux fois dans le vin pour qu'il absorbe la marinade.

Ramenez les lobes à leur forme primitive en les reposant l'un contre l'autre. Entourez le foie reconstitué d'une mousseline ou d'un linge fin. Ficelez les deux bouts du tissu et maintenez fermé par deux tours de ficelle sans serrer.

Chauffez le fond de volaille dans une casserole à la taille du foie reconstitué. Ne dépassez pas la température de 70° (vérifiez avec un thermomètre de cuisson). Plongez le foie dans le liquide (toujours sur feu doux) et laissez pocher* 5 mn. Retirez du feu.

Laissez refroidir dans le récipient et dans un endroit frais mais pas au réfrigérateur.

Déposez le foie dans une terrine à sa taille et versez dessus le fond refroidi. Mettez 24 h au réfrigérateur. Démaillotez ensuite le foie. Égouttez-le, posez-le sur l'égouttoir du plat ovale TUPPERWARE. Clarifiez* aux blancs d'œufs battus le fond de pochage qui doit être déjà à moitié pris en gelée. Remettez-le au frais 48 h.

# CUL DE VEAU À L'ANGEVINE

FACILE

LONGUE

MOYEN

Pour 6 personnes
200 g de couenne fraîche
1,200 kg de quasi de veau de lait
3 oignons, 8 carottes
1 petit bouquet garni avec 1 côte de céleri
1 botte de persil
400 ml de Saumur blanc sec
1 petit verre de marc du pays
400 ou 500 ml de bouillon de veau
gros sel gris, poivre blanc concassé
200 ml de crème fraîche épaisse

Choisissez une terrine ou une cocotte avec couvercle, à la taille du quasi. Garnissez-en le fond avec les couennes, côté gras contre le récipient.

Préchauffez le four à th. 6/7.

Émincez* finement les oignons et les carottes épluchés avec la râpe multi-usages TUPPERWARE. Mêlez-les en couche sur les couennes. Posez le bouquet qui doit comporter une petite côte de céleri et les queues d'un bottillon de persil (les feuilles serviront à un autre usage). Mettez le quasi sur le tout. Enfournez sans couvrir 10 mn. Retournez ensuite la viande de l'autre côté et remettez au four 10 mn.

Après ce temps, versez le marc sur la viande (le vin sera versé sur les légumes). Complétez par du bouillon de veau tiède au ras du quasi. Salez et poivrez (modérément à cause du bouillon). Posez le couvercle et remettez au four à th. 5. Laissez cuire 2 h sans y toucher. Sortez la cocotte et éteignez le four.

Posez la viande sur la planche à découper. Retirez les carottes et les oignons en compote et mettez-les dans un plat chaud. Couvrez.

Jetez les couennes et le bouquet garni bien égoutté. Mélangez la crème au jus de cuisson et remettez au four encore chaud ou posez sur le feu moyen, si le récipient le permet, juste pour réchauffer. Goûtez et rectifiez l'assaisonnement.

Coupez la viande en tranches avec un couteau très affûté (ou électrique) pour ne pas briser les chairs très fondantes. Rangez les tranches dans le plat sur les légumes et nappez* de sauce brûlante.

Une salade fraîche sera l'accompagnement idéal.

# TARTE AUX POIRES BELLE HÉLÈNE

FACILE

MOYENNE

RAISONNABLE

Pour 6 personnes
350 g de pâte brisée
3 poires
300 ml de vin blanc (Coteaux du Layon)
1 fragment de cannelle
100 g d'amandes en poudre
150 g de sucre en poudre
2 jaunes d'œufs
100 ml de crème fraîche légère

Étalez la pâte bien reposée avec le rouleau TUPPERWARE, puis garnissez-en un moule à tarte beurré. Ourlez* bien les bords et piquez le fond à l'aide d'une fourchette. Laissez reposer.

Épluchez les poires. Coupez-les en deux, retirez le cœur dur. Faites cuire dans le vin blanc avec 50 g de sucre et la cannelle. Laissez cuire à feu doux 30 mn environ. Laissez-les refroidir dedans puis égouttez-les dans la passoire modulaire TUPPERWARE.

Préparez la crème de garniture : chauffez la crème, versez-la dans un bol batteur 1,5 l TUPPERWARE et battez-la avec les jaunes d'œufs. Ajoutez les amandes en poudre et le reste de sucre sans cesser de battre. Versez dans une casserole et, tout en tournant, faites cuire sur feu doux jusqu'à épaississement. Retirez du feu et tournez encore pour refroidir.

Versez la crème sur la pâte crue. Disposez les demi-poires sur la crème et faites cuire à four préchauffé à th. 5/6 pendant 35 à 40 mn.

Servez tiède ou froide.

PRODUCT
OF FRANCE

# Thierry Bernheim

Au premier étage d'une pâtisserie ancienne et très appréciée, Thierry BERNHEIM a su faire, pour le déjeuner uniquement, un restaurant où l'on peut retrouver tous les plats typiques d'Alsace, respectueux de la tradition, revus avec esprit et surtout dépourvus de toutes les lourdeurs de la cuisine alsacienne.
La pâtisserie se taille toujours ici la part du lion et, entre autres beaux et bons desserts, les tartes aux fruits du pays sont une des raisons du succès de cette belle maison.

OLIVIER

5, rue de la Mésange - 67000 STRASBOURG
Tél. : (16) 88 32 74 13

OLIVIER

UN REPAS FACILE À ORGANISER, LE PRESSKOPF DEVANT OBLIGATOIREMENT ATTENDRE AU FROID DEPUIS LA VEILLE ET LES ÉLÉMENTS DE LA TARTE POUVANT ÊTRE PRÉPARÉS À L'AVANCE.
SEUL LE POISSON CUIRA AU DERNIER MOMENT MAIS SA SAUCE POURRA ÊTRE CUITE ET MIXÉE LA VEILLE. VOUS LA « MONTEREZ » AU BEURRE AU DERNIER MOMENT.
QUANT AU VIN, UN TOKAY D'ALSACE SE MARIERA PARFAITEMENT AVEC LA CARPE. LE PRESSKOPF SE DÉGUSTERA AVEC LE RIESLING DE LA RECETTE.

# PRESSKOPF DE LAPEREAU

MINUTIEUSE

LONGUE

ÉCONOMIQUE

1 lapereau
2 oignons
3 carottes
1 poireau
1 petite branche de céleri
1 noix de beurre
1 filet d'huile
thym, laurier
1/2 bouteille de Riesling
400 ml de fond* de veau ou de volaille
5 à 6 feuilles de gélatine
300 g d'échalotes
2 bottes de persil plat
2 gousses d'ail

Découpez le lapereau en morceaux. Faites-les raidir* dans un peu d'huile et de beurre, puis retirez-les dans un bol modulaire 1,5 l TUPPERWARE. Dans la même cocotte, faites suer* oignons, carottes, poireau, céleri et ail fractionnés en petits morceaux. Avec le vert du poireau, les queues du persil effeuillé, le thym et le laurier, faites un bouquet garni. Remettez le lapereau sur les légumes avec le bouquet. Déglacez* avec le Riesling et faites un peu réduire.

Mouillez* à hauteur des ingrédients avec le fond de veau ou de volaille. Couvrez et laissez cuire lentement jusqu'à ce que la chair se détache facilement de l'os. Retirez les morceaux de lapin dans un bol et mettez le grand moule couronne TUPPERWARE à refroidir au réfrigérateur.

Laissez réduire d'un tiers le liquide de cuisson. Filtrez et ajoutez la gélatine préalablement ramollie à l'eau froide, puis égouttée. Laissez refroidir sans prendre en gelée. Ciselez* très fin les échalotes et à part le persil.

Dans une casserole, faites fondre une noisette de beurre et faites suer tout doucement les échalotes d'abord, puis le persil quelques instants plus tard. Encore 1 ou 2 mn de douce cuisson et éteignez.

Sortez le grand moule couronne TUPPERWARE du réfrigérateur et versez au fond 1 cm de jus à la gelée, remettez au froid (clayette du haut ou freezer) quelques minutes pour faire « prendre », puis ressortez-le. Ajoutez une couche de lapereau émietté, un peu de persillade aux échalotes. Versez un peu de jus à hauteur des ingrédients.

Remettez au frais et ainsi de suite jusqu'au haut du moule. Entreposez ensuite au froid pour une nuit.

Servez coupé en tranches avec une salade.

# SAUTÉ DE CARPE AUX ÉPICES DE HONGRIE

FACILE

RAPIDE

MOYEN

1 belle carpe
2 échalotes
1/2 poivron rouge
4 cuillères à café de paprika
120 g de beurre
1 filet d'huile d'arachide
500 ml de Sylvaner
500 ml de fumet* de poisson
le jus d'1/2 citron non traité
sel et poivre du moulin

Levez les 4 filets du poisson et retirez la peau. Coupez les filets en petits médaillons.

Salez, poivrez, saupoudrez* d'un peu de paprika. Réservez*.

Hachez les échalotes et taillez le demi-poivron en brunoise*. Faites pocher* doucement les médaillons dans le Multi-service TUPPERWARE avec un peu d'eau bouillante. Après 5 mn, retirez. Enlevez les arêtes et tenez au chaud. Mettez une noix de beurre dans la poêle, jetez-y les échalotes. Laissez suer* 1 mn et ajoutez le poivron rouge pendant 1 mn. Ajoutez le paprika et remuez. Après 5 secondes, déglacez* avec le vin blanc et laissez réduire à sec. Ajoutez le fumet de poisson et laissez réduire au 1/3.

Mixez cette cuisson pour tout réduire en purée, puis passez au chinois au-dessus d'une petite casserole. Goûtez et rectifiez l'assaisonnement en sel, poivre et jus de citron.

« Montez » la sauce dans le bol batteur 1,5 l TUPPERWARE avec le reste de beurre en fouettant*. Déposez le poisson dans un plat, entourez-le d'une couronne de pâtes fraîches et nappez* le poisson de sauce. Décorez avec cerfeuil, algues japonaises, œufs de lump, etc.

Cette recette peut aussi être réalisée avec un sandre.

# TARTE AU RIWELE

FACILE

MOYENNE

ÉCONOMIQUE

250 g de pâte brisée
1 kg de pommes
50 g de beurre
125 g de noix hachées
125 g de raisins secs blonds

Pour le riwele

50 g de beurre bien froid
100 g de sucre en poudre
100 g de farine
100 g de cannelle
1 l de glace vanille à la cannelle

Après avoir préparé la pâte brisée, laissez-la reposer quelques heures au frais et ramassée en boule dans un linge. Sortez-la un peu avant la préparation du dessert.

Étalez-la au rouleau à pâtisserie TUPPERWARE, à la taille de votre moule à tarte. Beurrez celui-ci au pinceau et garnissez-le de pâte. Laissez reposer.

Préparez la garniture : épluchez et épépinez les pommes, coupez-les en petits cubes. Chauffez le reste de beurre dans une large poêle antiadhésive et faites-y sauter les dés de pommes sur feu moyen jusqu'à coloration blonde, sans plus. Ajoutez les raisins secs puis les noix hachées. Éteignez aussitôt. Préchauffez le four, th. 6/7.

Préparez le riwele : fractionnez en petits dés le beurre bien froid. Ajoutez la farine en pluie avec le Tamis duo TUPPERWARE, le sucre et la cannelle. Mélangez des petites portions en frottant entre la paume des mains pour former des petits grains irréguliers (riwele).

Garnissez le fond de pâte de haricots secs. Faites cuire à blanc (sans prendre couleur) pendant 5 mn, puis sortez la tarte, retirez les haricots et poursuivez la cuisson 3 à 4 mn. Sortez-la ensuite. Répartissez dessus les pommes aux noix et raisins. Parsemez de riwele et faites cuire à four plus chaud environ 20 mn.

Attendez un peu avant de démouler la tarte sur une grille à pâtisserie et servez-la tiède ou froide avec une boule de glace vanille à la cannelle.

# ADRIENNE BIASIN

On ne voit sa tête que dans les magazines les plus cotés; elle porte la bonne parole aux Américains, aux Chinois et aux Japonais; pas de croisière sans elle pour *Le France*. Tout cela ne trouble pas notre Adrienne nationale qui conserve sa tête froide et son cœur gros comme ça! C'est une « mère » bien parisienne, que beaucoup nous envient. Adrienne BIASIN, dite affectueusement la « vieille » dès l'âge de vingt ans, a donné son surnom au restaurant le plus petit et le plus fermé de Paris, et ne sert ses fidèles que le midi, du lundi au vendredi.

CHEZ LA VIEILLE

1, rue Bailleul - 75001 PARIS
Tél. : (1) 42 60 15 78

# PÂTÉ DE TÊTE ET DE LANGUE AU QUATRE-ÉPICES

FACILE

LONGUE

ÉCONOMIQUE

1/2 tête de porc demi-sel avec os
2 langues de porc demi-sel
1 poireau, 1 gousse d'ail
2 carottes
1 branche de céleri
thym, laurier
6 grains de poivre
2 clous de girofle
1 pincée de quatre-épices

Rincez le porc à plusieurs eaux ou dessalez-le quelques heures.

Mettez dans un faitout les viandes, les légumes lavés et entiers, les épices sauf le quatre-épices. Recouvrez le tout d'eau froide sans saler à cause de la viande.

Portez à ébullition sur feu doux, puis laissez cuire 3 h.

Retirez les viandes sur une planche à rigole, désossez la tête, coupez-la en gros morceaux ainsi que les langues. Remettez dans une casserole, saupoudrez de quatre-épices et versez dessus à travers une passoire 1/2 l de bouillon. Laissez réduire 10 mn à feu doux, sans couvrir. Prélevez ensuite les viandes avec l'écumoire TUPPERWARE, déposez-les dans le saladier TUPPERWARE avec les carottes coupées en rondelles épaisses. Tassez bien.

Faites réduire 10 mn le dernier jus de cuisson sans couvrir. Puis passez-le au chinois au-dessus du saladier. Laissez refroidir 1 h environ dans un endroit frais avant de poser le couvercle. Mettez dans le bas du réfrigérateur pendant 24 h au moins.

CHEZ LA VIEILLE

JE CONSEILLE POUR ACCOMPAGNER L'ENTRÉE UN CHINON ROUGE, POUR LE POISSON UN CÔTES-DE-BERGERAC BLANC SEC ET AVEC LE DESSERT UN CHAMPAGNE ROSÉ.
LORS DE LA PRÉPARATION DE L'ENTRÉE, VOUS POUVEZ AJOUTER UN PIED DE VEAU OU DE PORC FROID QUI FERA, AVEC DES ŒUFS DURS, DES TOMATES ET UNE SAUCE MOUTARDE, UNE DÉLICIEUSE ET RAPIDE ENTRÉE.
SI VOUS N'ÊTES PAS SÛR DU NON-TRAITEMENT DES ORANGES, ÉBOUILLANTEZ-LES, PUIS RINCEZ-LES À L'EAU FROIDE.

# HADDOCK AU CHOU ET AUX ŒUFS FRITS

FACILE

ASSEZ RAPIDE

MOYEN

1 kg de haddock
1 beau chou vert
500 ml de lait bouilli
150 g de beurre
1 cuillère à soupe de crème fraîche
2 cuillères à soupe de câpres
4 œufs
2 branches de persil plat
sel, poivre, huile

Dans le grand bac à pocher TUPPERWARE, mettez le haddock coupé en quatre avec 1/2 l d'eau et 150 ml de lait. Laissez tremper 2 h, puis égouttez-le.

Épluchez le chou, feuille à feuille. Ne gardez que celles du cœur que vous faites blanchir* 2 fois dans une eau différente. Ne salez que la seconde eau (légèrement). Rincez le chou à l'eau froide entre les deux pochages et égouttez à fond dans la passoire double TUPPERWARE.

Mettez les assiettes et le plat de service à chauffer au four à th. 4. Déposez sur celui-ci le cœur blanchi et égoutté. Éteignez le four et laissez le tout au chaud.

Faites pocher* le haddock 8 mn dans le reste de lait, complété à hauteur du poisson par de l'eau. Ne salez pas, mais poivrez au moulin. Retirez-le avec l'écumoire TUPPERWARE et posez le chou. Laissez au four.

Dans une casserole haute, faites cuire la crème poivrée et très peu salée en la fouettant* sur feu assez vif. Ajoutez les câpres. Éteignez, tenez au chaud.

Chauffez de l'huile d'arachide dans une poêle. Faites-y frire les 4 œufs. Retirez-les avec la spatule TUPPERWARE. Déposez-les d'abord sur du papier absorbant, puis sur chaque part de haddock.

Replacez la casserole sur feu doux, ajoutez le beurre du bout du fouet, battez jusqu'à ce que la sauce soit mousseuse.

Tout le monde est à table : déposez dans chaque assiette le chou et le haddock et nappez* de sauce.

# GLACÉ DE CHOCOLAT À L'ORANGE

UN PEU DÉLICATE

PAS DE CUISSON

MOYEN

Pour 5 à 6 personnes
300 g de chocolat noir
3 oranges non traitées
4 feuilles de gélatine
300 g de beurre ramolli
6 œufs
1 pincée de sel fin
2 cuillères à soupe d'amandes mondées* et effilées

Coupez le beurre en petits cubes; réservez*-en 2 ou 3.

Lavez les oranges, essuyez-les et râpez le zeste avec la râpe multi-usages TUPPERWARE. Pressez-les et réservez leur jus. Faites tremper la gélatine dans de l'eau froide.

Cassez le chocolat en petits morceaux dans un pichet gradué 2 l TUPPERWARE. Versez le jus d'orange sur le chocolat et laissez fondre dans une casserole au bain-marie sur feu très doux. Avec la spatule étroite TUPPERWARE, mélangez doucement chocolat et jus d'orange.

Ajoutez la gélatine égouttée. Mélangez, puis ajoutez les cubes de beurre et travaillez pour bien amalgamer. Mettez les zestes râpés et retravaillez à la spatule. Eteignez sous la casserole et laissez le bol au bain-marie.

A l'aide du séparateur à œufs TUPPERWARE, dissociez les blancs des jaunes. Réservez les blancs dans un bol mélangeur TUPPERWARE en y ajoutant une pincée de sel. Incorporez les jaunes au mélange chocolaté en travaillant bien à la spatule. Beurrez un moule avec les cubes réservés. Saupoudrez* avec 1 cuillère d'amandes effilées. Fouettez* les blancs en neige fermes et incorporez-les délicatement à la spatule en soulevant du bas vers le haut.

Versez dans le moule. Tapotez celui-ci sur le plan de travail pour bien tasser. Saupoudrez le dessus avec la seconde cuillère d'amandes.

Mettez au froid pour 24 h.

Démoulez, servez le glacé, arrosé d'une crème anglaise ou d'un sabayon à l'orange.

# JEAN-PIERRE BILLOUX

Ancien disciple et collaborateur du grand Dumaine, Jean-Pierre BILLOUX a su faire de cette belle maison de la capitale de la Bourgogne une des plus belles de la région. Aidé en cela par Marie-Françoise, sa femme, il offre, à une clientèle choisie et dans un décor raffiné, une cuisine qui, tout en s'appuyant sur un fond de terroir, sait s'évader, réinventer les plats classiques ou s'inspirer de la sensibilité du moment. Grand technicien, il maîtrise parfaitement le mariage de saveurs audacieuses et le juste point de cuisson. L'accueil chaleureux et une belle carte des vins où l'on retrouve le meilleur de la Bourgogne en font un endroit « délicieux ».

LA CLOCHE D'OR

14, place d'Arcy - 21000 DIJON
Tél. : (16) 80 30 11 00

# FILETS DE ROUGETS AU THYM CITRON

DÉLICATE

RAPIDE

CHER

8 petits rougets barbets
100 g de beurre
1 branche de thym citron
300 ml de fumet* de poisson
150 ml de fond* de veau
1 citron non traité
2 grosses pommes de terre
sel et poivre du moulin

Levez les filets de rougets après les avoir nettoyés. Retirez toutes les arêtes et réservez*.

Coupez les pommes de terre en brunoise* et faites-les sauter à la poêle dans 50 g de beurre. Salez et poivrez. Mettez le thym citron à infuser dans le fumet mélangé au fond de veau et portez doucement à frémissement. Éteignez, couvrez et attendez 10 mn. Retirez la branchette et liez en fouettant* la sauce avec 25 g de beurre. Ajoutez le jus de citron et rectifiez l'assaisonnement après avoir goûté (la sauce doit rester relativement claire, fluide).

Chauffez le reste (25 g) de beurre dans une grande poêle antiadhésive et faites cuire les rougets rosés, côté peau vers le fond. Sortez-les délicatement avec la spatule ajourée TUPPERWARE et posez-les sur du papier absorbant. Retirez la brunoise sur du papier absorbant pour la dégraisser.

Disposez sur chaque assiette chaude les filets, la brunoise et versez la sauce bien chaude. Dégustez sans attendre.

LA CLOCHE D'OR

LES AMATEURS DE ROUGETS BARBETS LES PRÉFÉRERONT ENTIERS PARCE QUE AINSI ILS ONT PLUS DE GOÛT. LA CUISSON EST LA MÊME, À PEINE UN PEU PLUS LONGUE. VOUS POUVEZ CUIRE, POUR GAGNER DU TEMPS, LA PRÉPARATION OIGNONS, POIREAUX, JAMBON À L'AVANCE ET LA CONSERVER AVEC SON JUS DANS LA BOÎTE MODULAIRE COMPACTE TUPPERWARE AU FRAIS. VOUS RÉCHAUFFEREZ DOUCEMENT CETTE PRÉPARATION. JE CONSEILLE UN BANDOL POUR ACCOMPAGNER LES FILETS DE ROUGETS, ET UN POUILLY FUISSÉ POUR LES CÔTES D'AGNEAU.

# GRATIN DE CÔTES D'AGNEAU

FACILE

MOYENNE

RAISONNABLE

20 petits oignons grelots
100 g de beurre
2 carrés d'agneau de 6 côtes chacun découpés
800 g de poireaux
200 ml de vin blanc sec
200 g de jambon cru du Morvan
1 l de crème fleurette
poivre du moulin

Essuyez les petits oignons épluchés et mettez-les dans une petite casserole à fond épais avec une noix de beurre. Posez sur feu doux et faites fondre 2 mn en remuant pour imprégner les oignons de beurre. Poivrez, puis mouillez* de vin blanc juste pour les recouvrir. Laissez cuire 3 à 4 mn, puis retirez la casserole du feu.

Sortez du bol fraîcheur TUPPERWARE les poireaux préalablement épluchés, lavés, séchés et taillés en julienne*.

Chauffez 40 g de beurre dans une large casserole et faites-y suer* la julienne. Lorsqu'elle est tendre, mouillez avec le vin blanc, laissez cuire 5 mn, sans couvrir.

Incorporez les oignons et la crème à la julienne de poireaux, et comptez encore 10 mn de douce réduction.

Coupez le jambon en julienne. Faites-le blanchir* rapidement (pour éliminer l'excès de sel). Égouttez aussitôt dans la passoire double TUPPERWARE. Ajoutez aux poireaux et aux oignons. Mélangez, laissez cuire et réduire à feu toujours doux.

Retirez l'excès de graisse des 12 côtes d'agneau. Rangez-les sur une plaque, beurrez-les au pinceau et passez-les rapidement sur le gril du four, bien brûlant, juste pour les saisir et dorer des 2 côtés tout en les tenant très saignantes. Choisissez un grand plat allant au four, à la taille des 12 côtes. Étalez au fond une couche de poireaux, jambon et oignons. Disposez dessus les côtes d'agneau et recouvrez-les avec le reste du mélange. Versez ensuite le jus. Passez au gril du four pour faire légèrement gratiner et servez directement dans le plat de cuisson.

# CASSOLETTE DE POIRES À LA PISTACHE

FACILE

MOYENNE

RAISONNABLE

4 poires de 150 g environ chacune (Comice ou Passe-Crassane)
400 ml de Muscat de Beaumes-de-Venise
50 g de pistaches décortiquées et mondées*
40 g de beurre en pommade
brioche

Épluchez les poires et coupez-les en 6 quartiers. Faites-les pocher*, sans bouillir, dans le Muscat de Beaumes-de-Venise pendant 30 mn et sans couvrir.

Laissez refroidir dans le vin avant d'égoutter et de disposer les quartiers dans une coupe en verre ou le grand compotier TUPPERWARE.

Préparez le beurre de pistache en mixant les pistaches avec le beurre très mou et mis en parcelles dans le bol de l'appareil. Lorsque les deux éléments sont bien homogènes, ajoutez le vin de cuisson et mixez encore pour monter la « sauce » jusqu'à ce que la masse soit assez fluide.

Nappez*-en les quartiers de fruits et servez avec des tranches de brioche grillées.

# ÉDOUARD CARLIER

De plus fleuri, de plus coquet, de plus intime, de plus élégant, que dis-je, de plus raffiné dans ses moindres détails, il n'y a pas! Édouard CARLIER règne sur un adorable restaurant perché sur la Butte Montmartre.
On pourrait n'y venir que pour le charme de l'endroit, pour la courtoisie de l'accueil, le service attentif ou la superbe carte des vins (un monument!) et déjà on serait parfaitement heureux. Mais la cuisine est superbe. Plaisir des yeux, plaisir de la gourmandise, un repas chez Monsieur de Beauvilliers est toujours une fête!

LE BEAUVILLIERS

52, rue Lamarck - 75018 PARIS
Tél. : (1) 42 54 54 42

LE BEAUVILLIERS

LA MOSAÏQUE EST DÉLICATE À RÉUSSIR MAIS VOUS POUVEZ PRENDRE VOTRE TEMPS EN LA FAISANT UN OU DEUX JOURS À L'AVANCE.
LA ROGNONNADE DOIT SE CUIRE AU MOMENT DU REPAS, MAIS LA PRÉPARATION ATTENDRA SANS PROBLÈME, AU FRAIS, FARCIE ET ROULÉE DANS SA CRÉPINE. PENSEZ À LA SORTIR UN PEU AVANT LA CUISSON POUR LA DÉTENDRE* À TEMPÉRATURE AMBIANTE ET GARDER AINSI TOUTE SA FINESSE.
LE DESSERT, LUI, DE TOUTE FAÇON DOIT REPOSER AU FRAIS UNE NUIT ET LE COULIS PEUT SE PRÉPARER À L'AVANCE, CONSERVÉ DANS UN BOL TUPPERWARE BIEN FERMÉ.

# MOSAÏQUE D'ANGUILLES AUX HERBES

DÉLICATE

RAPIDE

ASSEZ CHER

4 petites anguilles
1 botte de chaque herbe (estragon, persil, cerfeuil, ciboulette, etc.)
200 ml de vin blanc sec (Muscadet)
400 ml de fumet* de poisson
2 carottes moyennes
1 oignon moyen
1 échalote grise
2 pieds de veau ou
4 feuilles de gélatine
sel, poivre du moulin

Pour la sauce

250 ml de crème fraîche
2 échalotes grises
1 tomate
120 ml de Muscadet
1 cuillère à café rase de poivre vert
2 branches d'aneth

Faites dépouiller et tronçonner* les anguilles en morceaux de 10 cm par votre poissonnier.

Mettez-les dans une marmite avec l'oignon, l'échalote et les carottes hachés. Couvrez de vin et de fumet. Portez à frémissement* sur feu doux et cuisez 8 mn.

Laissez tiédir dans le liquide avant de retirer les filets le long de l'épine dorsale. Réservez*-les. Laissez réduire le liquide pendant que vous effeuillez et ciselez* toutes les herbes dans un bol modulaire 1 l TUPPERWARE. Salez et poivrez.

Faites ramollir la gélatine. Filtrez la cuisson et mettez à fondre la gélatine égouttée.

Versez au fond d'une boîte rectangulaire TUPPERWARE une couche de liquide et d'herbes. Faites prendre au froid. Puis disposez en alternance couche d'herbes et couche d'anguilles en versant à chaque fois un peu de liquide. Terminez par des herbes et mettez une nuit au réfrigérateur.

Le lendemain, préparez la sauce : hachez menu les échalotes, faites-les cuire doucement dans le vin blanc, jusqu'à complète réduction de celui-ci. Salez, poivrez et laissez refroidir. Coupez en petits dés la tomate pelée et épépinée, ciselez l'aneth.

Fouettez* la crème au moment de servir. Mélangez-la avec la tomate, la réduction, le poivre vert et l'aneth.

Disposez sur les assiettes, un peu de salade, une tranche de mosaïque et trois cuillères de sauce.

# PETITE ROGNONNADE DE VEAU AU VIN DE XÉRÈS

LONGUE

MOYENNE

CHER

2 rognons de veau entiers
200 g de veau (dans l'épaule)
2 grandes escalopes de veau
3 échalotes grises
1 crépine
2 jaunes d'œufs
1 petite boîte d'épluchures de truffes
1 truffe entière
2 verres de Xérès
3 cuillères à soupe de crème fraîche
100 g de foie gras
40 g de beurre
300 g de jeunes épinards
sel, poivre noir du moulin

Ouvrez les rognons, retirez avec un couteau pointu et bien affûté les nerfs et la graisse et, avec les doigts, la pellicule qui entoure les rognons.

Préparez la farce : émincez* la truffe et réservez*-la. Hachez fin le veau et les échalotes (réservez-en une). Mélangez soigneusement dans le bol mélangeur 2 l TUPPERWARE la chair, l'échalote réservée, les épluchures de truffes, 1 verre de Xérès, la crème fraîche, les jaunes d'œufs, sel et poivre.

Tapissez de farce l'intérieur des rognons. Étalez les deux escalopes sur les deux morceaux de crépine. Tartinez-les du reste de la farce et rangez les lamelles de truffe sur toute la longueur de l'escalope que vous roulez autour du rognon, puis enfermez dans la crépine. Ficelez avec précaution. Chauffez, dans une cocotte, une noisette de beurre. Déposez-y les deux « paupiettes » et faites-les revenir de tous les côtés. Ajoutez ensuite les deux échalotes hachées.

Mouillez* avec le reste de Xérès, versez la crème et 6 petits cubes de foie gras. Après 15 mn de douce cuisson, retirez les rognons de la cocotte, tenez-les au chaud. Laissez réduire le jus et passez-le au chinois.

Pendant la cuisson, épluchez, lavez, et égouttez les épinards avec la passoire double TUPPERWARE. Faites-les étuver* à feu moyen dans une sauteuse non oxydable avec une noix de beurre, assaisonnez et cuisez 2 à 3 mn. Coupez les « paupiettes » en tranches, mettez-en 3 par assiette et disposez de chaque côté les épinards. Nappez* de sauce et servez aussitôt.

# DIPLOMATE AUX FRAISES

ASSEZ FACILE

PAS DE CUISSON

RAISONNABLE EN SAISON

500 g de fraises
200 ml de crème fraîche double
3 feuilles de gélatine
150 ml de kirsch
100 g de sucre en poudre
5 jaunes d'œufs
100 ml de lait bouilli

Faites ramollir la gélatine dans de l'eau fraîche.

Chauffez le lait presque jusqu'à ébullition. Dans le petit bol batteur TUPPERWARE, mélangez les jaunes d'œufs avec le sucre jusqu'à obtention d'un mélange mousseux et blanchâtre. Versez dessus, sans cesser de battre au fouet, le lait très chaud, puis travaillez le tout dans la casserole posée sur un feu très très doux, avec la cuillère TUPPERWARE, pour avoir une crème bien homogène et lisse. Égouttez la gélatine et faites-la fondre dans la valeur d'un petit verre à liqueur d'eau versée dans un bol. Ajoutez 100 ml de kirsch et la crème fraîche glacée en mélangeant bien avec la crème. Choisissez de préférence le moule à charlotte TUPPERWARE avec le couvercle en forme de cœur. Versez dedans une couche de cette préparation. Faites un lit de fraises lavées, séchées puis égouttées dans la passoire modulaire TUPPERWARE et coupez-les en deux si elles sont grosses.

Recouvrez d'une autre couche de crème, puis disposez une couche de fraises et ainsi de suite. Terminez par une couche de fraises, coupées en deux, la partie des fraises coupées vers l'extérieur.

Mettez au réfrigérateur au moins 5 h et, si possible, une nuit. Démoulez sur un joli plat au moment de servir le dessert. Garnissez le tour de la charlotte avec des petites fraises entières.

Servez avec un coulis de fraises mixées, auquel on ajoutera 50 ml de kirsch.

# PIERRE CARPENTIER

Pommiers et prairie fleurie évoquent un petit coin de Normandie... Pourtant la cuisine délicate et bien maîtrisée de Pierre CARPENTIER utilise toutes les bonnes choses d'une région qui n'en manque pas. Les beaux gibiers qui abondent ici sont travaillés avec un classicisme tempéré par une malicieuse imagination, à moins que ce ne soit l'inverse. La charmante Monique ne se contente pas d'accueillir avec une classe inégalable, elle sait aussi choisir les plus beaux vins et en conseiller l'accord le plus judicieux.

L'AUBERGE
DE CHAVANNES

Courlans - 39570 LONS LE SAULNIER
Tél. : (16) 84 47 05 52

L'AUBERGE DE CHAVANNES

LE COURT-BOUILLON POUR LA CUISSON DES ESCARGOTS ET MÊME LA CUISSON PEUVENT ÊTRE FAITS À L'AVANCE, LES ESCARGOTS RESTANT DANS LE LIQUIDE.

POUR LES FILETS DE CANARD, LES FILAMENTS D'ORANGES PEUVENT ÊTRE TAILLÉS ET CUITS UN OU DEUX JOURS AVANT. TOUT CELA TENU AU FRAIS FERA GAGNER UN TEMPS CONSIDÉRABLE. C'EST L'EXEMPLE MÊME DU REPAS QU'IL SUFFIT DE PROGRAMMER À L'AVANCE ET D'ACHEVER RAPIDEMENT AU DERNIER MOMENT.

COMME VIN D'ACCOMPAGNEMENT, JE CONSEILLE UN CÔTES-DU-JURA BLANC.

# PETITE NAGE D'ESCARGOTS AU PERSIL PLAT ET AIL

FACILE

ASSEZ LONGUE

RAISONNABLE

4 douzaines d'escargots
700 ml de bouillon bien relevé
1 gousse d'ail
1/2 bouquet de persil plat
150 g de beurre mou
sel et poivre du moulin
ingrédients pour court-bouillon*

Préparez à l'avance un court-bouillon avec 400 ml de vin blanc sec (Côtes-du-Jura) et 350 ml d'eau, un bouquet garni ficelé avec les queues de persil, une carotte émincée*, un oignon piqué de 2 clous de girofle, gros sel et poivre moulu gros. Portez lentement à ébullition et jetez-y les escargots pour 1 h de douce cuisson.

Égouttez-les ensuite avec la passoire double TUPPERWARE, laissez le bouillon réduire sur feu moyen pendant que vous les décoquillez et préparez les autres éléments du plat.

Épluchez l'ail, écrasez-le, réservez*-le.

Fractionnez le beurre. Choisissez quatre cassolettes ou 4 petits plats à oreilles et une casserole moyenne.

Prélevez le tiers du bouillon et versez-le dans le petit bol batteur TUPPERWARE. Mixez en ajoutant peu à peu le beurre. Mettez les escargots dans la casserole, versez dessus le beurre émulsionné. Posez sur feu très doux, juste pour garder chaud. Ajoutez dans le bol batteur l'ail et mixez pour réduire en purée. Retirez et versez dans la casserole. Puis mixez les feuilles de persil par à-coups (pour ne pas réduire en purée). Ajoutez-les au contenu de la casserole. Vérifiez l'assaisonnement et dès que tout est bien réchauffé, répartissez dans les quatre plats. Servez aussitôt.

# FILETS DE CANARD AUX ZESTES D'ORANGES CONFITS

FACILE

MOYENNE

RAISONNABLE

2 oranges non traitées
2 filets de canard de Bresse de 400 g
200 ml de Côtes-du-Jura blanc
50 ml de vinaigre de Xérès
5 morceaux de sucre
sel et poivre

Retirez la peau des oranges et, avec un couteau simple et aiguisé, supprimez toute la partie blanche. Émincez* les zestes en filaments : blanchissez-les 3 fois de suite en partant d'une eau froide portée rapidement à ébullition. Égouttez, remettez dans la casserole avec de l'eau au ras et le sucre. Faites cuire, doucement, pendant 1 h environ.

Dans une sauteuse antiadhésive bien chauffée, déposez les deux filets côté gras vers le fond. Faites-les cuire à votre goût, rosés ou saignants. Salez et poivrez.

Retirez-les ensuite avec la spatule ajourée TUPPERWARE et réservez*-les au chaud sur le plat ovale avec égouttoir TUPPERWARE, après avoir au préalable versé un peu d'eau bouillante dans le fond du plat.

Jetez, d'un coup sec, la graisse rendue par les filets dans la sauteuse et, sans essuyer, déglacez* avec le Côtes-du-Jura blanc. Faites un ou deux bouillons, ajoutez les filaments confits et leur sirop, puis le vinaigre. Laissez réduire sur feu doux, sans couvrir, jusqu'à l'obtention d'une consistance onctueuse. Goûtez et rectifiez l'assaisonnement.

Servez aussitôt les filets chauds nappés* de sauce, accompagnés de pommes fruits cuites au four ou de pommes de terre gaufrettes.

# CHARLOTTE AUX ANANAS

UN PEU LONGUE

PAS DE CUISSON

ÉCONOMIQUE

1 grande boîte d'ananas au sirop en morceaux
18 biscuits à la cuillère
1 cuillère à soupe rase de sucre en poudre
5 feuilles de gélatine
1 petit verre de rhum ou de kirsch
250 g de crème fleurette

Pour la crème anglaise
500 ml de lait bouilli
200 g de sucre en poudre
5 jaunes d'œufs

Faites ramollir la gélatine dans de l'eau fraîche.

Préparez la crème anglaise : chauffez le lait déjà bouilli. Pendant ce temps, séparez facilement les blancs des jaunes avec le séparateur à œufs TUPPERWARE et mettez les jaunes avec le sucre dans un grand bol. Faites blanchir le mélange au fouet.

Versez le lait presque bouillant en fouettant vite et sans s'arrêter, puis reversez dans la casserole et faites cuire à la nappe* sans cesser de tourner. Ajoutez alors la gélatine égouttée et mélangez bien hors du feu. Remuez encore quelques minutes, puis de temps en temps jusqu'à tiédissement.

Égouttez les morceaux d'ananas. Réservez* le sirop. Fouettez* la crème avec un peu de sucre. Mélangez, dans un bol, la moitié du sirop d'ananas et l'alcool.

Prendre un moule à charlotte TUPPERWARE, trempez un par un les biscuits dans le sirop parfumé et tapissez-en le fond et les parois du moule.

Vérifiez que la crème anglaise est bien froide, sans être pour autant « prise » en gelée. Mélangez-la avec précaution à la crème fouettée.

Montez harmonieusement la charlotte en déposant dans le moule, par couches successives, les morceaux d'ananas bien égouttés et le mélange des 2 crèmes. Veillez à ne pas déranger les biscuits et terminez par une couche de crème. Mettez 5 h au moins (ou toute la nuit) au réfrigérateur sur la clayette du haut. Démoulez au moment de servir sur un plat ou sur le compotier TUPPERWARE.

# Alain Denoual

Situé à quelques minutes du bois de Vincennes, le restaurant d'Alain Denoual est « une gourmandise » pour les gourmets, dans une ambiance élégante et printanière. Susan, la souriante épouse américaine du maître de maison, vous aide à choisir parmi les plats proposés par le chef.
Alain Denoual pratique une cuisine légère qui marie avec le plus grand bonheur tradition et modernisme, saveur et diététique.
La carte des vins est intelligemment composée. On y trouve, bien sûr, un vin californien !

LA GOURMANDISE

271, avenue Daumesnil - 75012 PARIS
Tél. : (1) 43 43 94 41

# CROUSTILLANT DE CRABE SAUCE SOJA

FACILE

ASSEZ RAPIDE

UN PEU CHER

2 tourteaux
2,5 l de court-bouillon déshydraté
2 carottes, 2 poireaux
1 petit bouquet de coriandre
1 cuillère à moka de gingembre frais râpé.
8 feuilles de filo ou brick (épiceries orientales)
120 g de beurre clarifié*
1 cuillère à soupe rase de sauce soja
sel et poivre du moulin

Plongez les tourteaux 15 à 20 mn dans le court-bouillon en ébullition. Égouttez-les dès la fin de la cuisson et réservez* 150 ml de bouillon (le reste, refroidi, sera entreposé au froid dans un bol modulaire 2 l TUPPERWARE pour une cuisson ultérieure). Taillez en julienne* carottes et poireaux épluchés avec la râpe multi-usages TUPPERWARE.

Faites-les cuire séparément dans un peu d'eau bouillante salée. Égouttez et tenez au chaud. Effeuillez la coriandre en réservant quelques feuilles pour la présentation et décortiquez les tourteaux.

Mélangez la chair des crabes avec la julienne, le gingembre et la coriandre. Assaisonnez à votre goût.

Préchauffez le four à th. 7. Étalez les 8 feuilles de filo sur un plan de travail, beurrez-les au pinceau. Recouvrez chaque feuille d'une autre feuille (soit 4 piles de 2), beurrez-les à nouveau.

Déposez au centre un quart du mélange, repliez les côtés et roulez de manière à obtenir de gros cigares. Badigeonnez les rouleaux de beurre clarifié et faites-les cuire au four.

La sauce : versez dans une petite casserole la sauce soja et le court-bouillon réservé. Faites réduire de moitié à feu assez vif. Montez ensuite au fouet avec le reste de beurre (80 g environ).

Chauffez 4 assiettes, nappez*-les de sauce et déposez un croustillant au centre.

Décorez avec quelques feuilles de coriandre réservées.

LA GOURMANDISE

POUR GAGNER DU TEMPS, LES TOURTEAUX PEUVENT ÊTRE DÉCORTIQUÉS LA VEILLE OU REMPLACÉS PAR DU TRÈS BON CRABE EN BOÎTE.
POUR ACCOMPAGNER LES CROUSTILLANTS, JE CONSEILLE UN PINOT NOIR D'ALSACE OU UN BOURGUEIL LES GALLUCHES ET POUR LES NOISETTES D'AGNEAU UN VOUVRAY.
LA TERRINE D'ANANAS DOIT ÊTRE PRÉPARÉE LA VEILLE.

# NOISETTES D'AGNEAU AU MIEL ET AU VINAIGRE DE CIDRE

DIFFICILE

UN PEU LONGUE

ASSEZ CHER

8 noisettes d'agneau
50 ml d'huile d'arachide
1 oignon
1 carotte
100 ml de vin blanc
1 bouquet garni
60 ml de vinaigre de cidre
1 cuillère à soupe de miel d'acacia
100 g de beurre
sel, poivre, 1 cuillère à café de concentré de tomates

Faites désosser les carrés par votre boucher. Faites également casser en morceaux les os des côtes.

Fond* d'agneau : faites revenir dans l'huile les os en les laissant colorer ; y ajouter l'oignon et la carotte taillés en petits morceaux que l'on fera suer* avec les os.

Dégraissez et déglacez* avec le vin blanc, mouillez à hauteur avec de l'eau, ajoutez le bouquet garni et le concentré de tomates, salez, poivrez et laissez cuire pendant 30 mn.

Passez ce jus au chinois et faites-le réduire des 2/3.

Cuisson de l'agneau : salez et poivrez les 8 noisettes d'agneau, les cuire rosées dans une sauteuse avec un peu de beurre et d'huile. Réservez*-les au chaud.

Dans la sauteuse, dégraissez et ajoutez le miel pour le caraméliser légèrement. Enrobez les noisettes d'agneau de miel. Déglacez avec le vinaigre de cidre et laissez réduire à nouveau. A ce moment, ajoutez le fond d'agneau que vous laisserez réduire de moitié et montez la sauce avec un peu de beurre. Passez au chinois. Rectifiez l'assaisonnement selon votre goût.

Dressez deux noisettes sur chaque assiette, nappez de sauce, servez avec des tagliatelles fraîches ou des légumes de saison.

# TERRINE D'ANANAS AU COULIS DE FRAMBOISES

FACILE

PAS DE CUISSON

ÉCONOMIQUE

2 gros ananas frais
1/4 de l de sirop épais vanillé
4 feuilles de gélatine
1/2 louche de crème fraîche
200 ml de coulis de framboises
1 feuille de menthe

Mettez au froid un moule à cake TUPPERWARE. Pelez les ananas, coupez-les en quatre et éliminez la partie centrale dure. Faites cuire les quartiers en les plongeant 10 mn dans le sirop vanillé chaud.

Dans le petit bol réfrigérateur TUPPERWARE, ramollissez la gélatine avec un peu d'eau et faites-la fondre dans le sirop vanillé ayant servi à la cuisson de l'ananas.

Mélangez bien, laissez refroidir sans « prendre ». Taillez les quartiers d'ananas finement dans le sens de la longueur.

Versez un peu de gelée vanillée au fond du couvercle du moule à cake et faites « prendre » la gelée au freezer ou au congélateur. Dès que la gelée est prise, déposez dessus les lamelles d'ananas par couches successives en alternant avec un peu de sirop vanillé bien froid, mais pas encore pris en gelée.

Mettez la terrine pendant 24 h au froid.

Pour servir : démoulez la terrine et dressez sur une assiette un fond de coulis de framboises, déposez une tranche de terrine d'ananas, décorez avec une feuille de menthe.

# Jean-Claude Ferrero

On est ici dans le temple où se célèbre le culte du roi champignon et de l'impériale truffe. Son célébrant est un beau Savoyard qui officie dans un joli petit hôtel particulier Second Empire tout fleuri, s'ouvrant sur le monde mystérieux d'un jardin d'hiver. Les champignons se déclinent de toutes les façons, mais aussi de savoureux bons plats comme la tête de veau, la morue et la blanquette à l'ancienne. Homme d'humeur — la bonne — et d'impulsion, Jean-Claude FERRERO est secondé, pour l'accueil et pour le choix dans une belle carte des vins, par Andrée, sa femme, qui a l'art de trouver le meilleur accord des mets et des vins.

JEAN-CLAUDE FERRERO

38, rue Vital - 75016 PARIS
Tél. : (1) 45 04 42 42

C'EST UN MENU DE FÊTES ET DE SAISON : CELLE DE LA PÊCHE DES SAINT-JACQUES, DE LA CHASSE, MÊME SI LES CAILLES SONT SOUVENT D'ÉLEVAGE, DU FOIE GRAS, DE LA RÉCOLTE DES TRUFFES ET DES CHAMPIGNONS. C'EST L'HIVER. POURQUOI NE PAS RÉSERVER CES RECETTES RAFFINÉES AUX RÉVEILLONS DES FÊTES DE NOËL ET DU JOUR DE L'AN NEUF ? TOUT PEUT ÊTRE PRÉPARÉ EN PARTIE À L'AVANCE. JE CONSEILLE, POUR ACCOMPAGNER CE DÉLICIEUX REPAS, UN MEURSAULT À DÉGUSTER AVEC L'ENTRÉE ET UN VOLNAY AVEC LE PLAT.

JEAN-CLAUDE FERRERO

# NAGE DE SAINT-JACQUES AUX TRUFFES

FACILE

TRÈS RAPIDE

TRÈS CHER

4 coquilles Saint-Jacques
250 ml de vin blanc sec
1 noisette de beurre
2 truffes de 25 g chacune
1 carotte
1 bouquet garni
sel et poivre

Nettoyez les Saint-Jacques, gardez les noix et coupez-les en deux dans l'épaisseur. Avec les barbes rincées, un bouquet garni, une carotte en lamelles, le vin blanc et du poivre, faites un court fumet* à feu moyen.

Beurrez très légèrement un plat allant au four et allumez celui-ci à th. 6.

Lorsque le fumet est parfumé et réduit de moitié, passez-le au chinois. Émincez* les truffes.

Disposez les noix de Saint-Jacques dans le plat, versez le fumet dessus. Couvrez les noix de lamelles de truffes, salez un peu, poivrez largement.

Enfournez pour 4 mn au maximum. Servez aussitôt sur des assiettes très chaudes avec, en accompagnement, des pâtes fraîches légèrement crémées ou de jeunes épinards cuits *al dente* dans le Multi-service TUPPERWARE.

# CAILLES FARCIES AUX CHAMPIGNONS ET FOIE GRAS

DÉLICATE

RAPIDE

TRÈS CHER

400 g de champignons de Paris
4 belles cailles désossées
100 g de foie gras
100 g de girolles
100 g de pieds de mouton
30 g de beurre + 20 g
sel et poivre du moulin
1 bouquet de persil frisé

Nettoyez les champignons, essuyez-les avec un linge humide sans les laver après avoir supprimé la base terreuse. Hachez-les finement au couteau inoxydable. Faites étuver* ce hachis dans le beurre, à feu doux, dans un récipient inoxydable et couvert aux trois quarts. Salez et poivrez lorsque les champignons sont tendres. Réservez* dans la passoire modulaire TUPPERWARE.

Préchauffez le four à th. 7 et sortez la plaque que vous recouvrez d'une feuille d'aluminium ménager.

Partagez le foie gras en 4. Étalez les cailles sur le plan de travail, le côté ouvert vers vous. Tartinez l'intérieur avec la spatule étroite TUPPERWARE d'une part de foie gras, après avoir salé et poivré. Recouvrez toute la surface de hachis de champignons et repliez. Ficelez avec soin, déposez sur la plaque et enfournez 8 mn, après avoir posé sur chaque caille une noisette de beurre, et faites quelques tours de moulin à poivre.

Retirez les cailles de la plaque. Déglacez* la plaque en la plaçant sur feu vif avec 1 verre d'eau versé sur les sucs* de cuisson. Grattez (doucement à cause de l'aluminium) avec la spatule TUPPERWARE et versez le jus obtenu à travers un chinois dans une saucière ébouillantée. Nappez*-en les cailles déficelées. Décorez de petites touffes de persil frisé et offrez, à part, des pommes de terre sautées.

# CAKE GLACÉ AUX MARRONS

FACILE

TRÈS RAPIDE

MOYEN

200 ml de crème fleurette
175 g de chocolat noir amer
3 feuilles de gélatine
40 g de beurre
3 cuillères à soupe de rhum ambré
200 g de crème de marrons
100 g de brisures de marrons glacés
3 blancs d'œufs
2 sachets de sucre vanillé
5 ou 6 beaux marrons
100 g de violettes de Toulouse au sucre

Versez la crème fleurette dans une casserole sur feu moyen et, lorsqu'elle frémit, ajoutez le chocolat cassé en petits morceaux. Éteignez et laissez fondre.

Mettez la gélatine à ramollir dans de l'eau froide.

Dans la casserole, ajoutez le beurre au chocolat et à la crème fondus, mélangez soigneusement. Égouttez la gélatine, incorporez-la au mélange en remuant à la spatule pour bien homogénéiser. Complétez avec le rhum, puis la crème de marrons et mélangez jusqu'à parfaite incorporation. Laissez tiédir avant d'ajouter les brisures de marrons en remuant.

Montez les blancs en neige dans le bol batteur 1,5 l TUPPERWARE en ajoutant, lorsqu'ils commencent à prendre, le sucre vanillé. Battez jusqu'à ce que la « neige » soit ferme. Tapissez une boîte rectangulaire TUPPERWARE de film alimentaire en ayant soin de laisser le film dépasser largement. Incorporez au mélange les œufs en neige en allant du fond vers le haut.

Versez aussitôt la préparation dans la boîte. Totalement refroidie, elle sera prise en gelée. Lissez le dessus et repliez le film qui dépassait. Mettez la boîte au froid, une nuit au réfrigérateur ou 4 h dans le freezer.

Démoulez sur un plat après avoir déplié le film fermant le dessus. Le film qui enveloppe le cake se déroulera tout seul. Décorez le dessus avec les marrons glacés et, entre les marrons, avec des violettes de Toulouse en sucre.

Pour un repas où vous êtes nombreux ou pour un goûter d'enfants (sans rhum), il est facile de tripler les proportions et de choisir le moule à cake TUPPERWARE.

# Patrick Fulgraff

Au cœur du Colmar historique, semble sortir d'un dessin de Gustave Doré l'antique maison à colombage et petits vitraux au plomb. Le jeune et fougueux Patrick FULGRAFF y triomphe dans un répertoire gourmand qui a su oublier les pesanteurs de la tradition alsacienne pour en renouveler ce qu'elle a de meilleur : audace, imagination, technique rigoureuse, des entrées teintées d'orientalisme par les épices aux merveilles des desserts. La carte des vins ne se contente pas du meilleur de la région, mais offre aussi un choix étudié des plus beaux crus de France.

AU FER ROUGE

52, Grand Rue - 68000 COLMAR
Tél. : (16) 89 41 37 24

# SANDRE POÊLÉ À LA CHOUCROUTE ET AUX ARÔMES DE LARD

FACILE

ASSEZ RAPIDE

UN PEU CHER

520 g de sandre
16 oignons grelots
100 g de lentins de chêne (champignons)
20 g de beurre
1 tomate moyenne
160 g de choucroute cuite à la vapeur
2 échalotes
50 ml de Riesling
50 ml de fumet* de poisson
400 ml de crème fleurette
60 g de lard de poitrine fumé
1 cuillère à café d'huile de soja
1/2 bottillon de ciboulette
1 branche de cerfeuil
sel et poivre du moulin

Ouvrez les 4 tranches de sandre en escalope. Réservez*-les sur le grand plateau rectangulaire TUPPERWARE.

Taillez le lard en dés. Faites-le revenir dans très peu d'huile de soja. Ciselez* les échalotes, faites-les suer* dans une noisette de beurre, à feu très doux, dans une petite casserole. Mouillez ensuite avec le vin blanc. Laissez réduire presque à sec, puis versez le fumet et faites réduire de moitié. Ajoutez alors la crème et les lardons. Laissez encore réduire d'un tiers, goûtez et rectifiez l'assaisonnement. Réservez au chaud. Épluchez les oignons grelots et faites-les cuire à l'eau salée 10 mn. Pelez et épépinez la tomate, taillez-la en petits dés. Faites cuire les lentins nettoyés dans une poêle avec un peu de beurre et sur feu doux.

Graissez à peine, au pinceau trempé dans l'huile, une poêle antiadhésive, posez-la sur feu assez vif et faites cuire rapidement les escalopes de sandre, côté extérieur vers le fond de la poêle. Pendant ce temps faites réchauffer la choucroute.

Chauffez un plat et 4 assiettes. Disposez dans le centre du plat la choucroute tenue au chaud au-dessus de la vapeur, rangez dessus les 4 escalopes de sandre, autour les oignons grelots, les lentins de chêne. Sur le sandre, répartissez les lardons égouttés. Versez la sauce autour et parsemez le tout de dés de tomate, de ciboulette juste ciselée et décorez de cerfeuil. Servez aussitôt.

**AU FER ROUGE**

CE MENU RAFFINÉ EST DIFFICILE À PRÉPARER À L'UNISSON. LES LÉGUMES ET LA SAUCE CRÈME DU SANDRE PEUVENT ÊTRE CUITS À L'AVANCE.
POUR LE BAEKEOFFE, LE RIS PEUT ÊTRE PRÉPARÉ LA VEILLE, LES CHAMPIGNONS ET LES LÉGUMES LE MATIN MÊME. LES CAILLES, DÉSOSSÉES PAR VOTRE VOLAILLER OU PRÉPARÉES LA VEILLE ATTENDRONT AU FRAIS. LA COMPOTE ET LA SAUCE CRÉMÉE DU MILLEFEUILLE SE GARDERONT CUITES, MIXÉES AU FRAIS. LE FEUILLETAGE REPOSERA AUSSI AU FRAIS.
JE CONSEILLE POUR LE SANDRE UN TOKAY OU UN RIESLING FRAIS QUI RÉHAUSSERONT LA SAVEUR DE CE POISSON.

# Baekeoffe de cailles, de ris de veau et de légumes

LONGUE

MOYENNE

RAISONNABLE

4 cailles dodues
100 g de ris de veau
80 g de girolles
1 échalote
25 g de beurre
160 g de carottes
200 g de céleri en branche
100 g de poireau
2 pommes de terre moyennes
200 g de chou frisé
12 petits oignons grelots
2 gousses d'ail
1 petite branche de thym frais
250 ml de fond* de volaille
150 ml de glace de viande
1/4 de botte de ciboulette
sel, poivre, farine

Faites dégorger* les ris de veau à l'eau froide dans le bol fraîcheur TUPPERWARE pendant que vous désossez les cailles. Blanchissez 5 mn les ris de veau à l'eau bouillante salée, égouttez, passez sous l'eau froide et coupez grossièrement en dés.

Nettoyez les girolles, faites-les revenir avec l'échalote hachée dans un peu de beurre. Faites à peine cuire, salez, poivrez et éteignez.

Épluchez les légumes, lavez-les, coupez le céleri, les pommes de terre et les carottes en lamelles de 2 mm d'épaisseur. Ciselez* le chou et le poireau et laissez entiers les petits oignons. Faites blanchir* quelques minutes les légumes. Retirez-les délicatement avec l'écumoire TUPPERWARE et posez-les aussitôt dans la passoire double TUPPERWARE pour les égoutter. Réservez*. Préchauffez le four à th. 7.

Mélangez les dés de ris de veau, les girolles et les échalotes. Ajoutez la ciboulette ciselée. Étalez les cailles sur un plan de travail, le côté ouvert vers vous. Farcissez-les du mélange, reconstituez-les dans leur forme.

Prenez une terrine à baekeoffe. Déposez un lit de légumes, puis les cailles. Hachez grossièrement dessus les gousses d'ail et émiettez le thym. Recouvrez avec le reste de légumes. Versez le fond de volaille et la glace de viande. Posez le couvercle et lutez*-le avec une bande de papier d'aluminium ou un mélange de farine et d'eau.

Enfournez pour 20 à 25 mn. Servez dans la terrine en terre avec une salade verte.

# Mille-feuille aux pommes et sa crème légère

LONGUE

LONGUE

MOYEN

1,2 kg de feuilletage (pâte feuilletée)
6 belles pommes
100 g de beurre
1 gousse de vanille
300 ml de crème fleurette
1/2 cuillère à café de cannelle râpée
200 ml de sirop de sucre de canne
1 cuillère à café de sucre en poudre
sucre glace

Épluchez 5 pommes (mais surtout pas de Golden !). Retirez le centre et les pépins. Émincez-les sur la râpe TUPPERWARE et faites fondre dans le beurre avec la vanille. Passez au moulin à légumes, grille fine, ou au tamis après avoir retiré la gousse de vanille. Laissez refroidir. Préchauffez le four à th. 7/8.

Étalez le feuilletage sur 1 cm d'épaisseur et partagez-le en trois grands rectangles. Rangez-les sur la plaque à pâtisserie du four et mettez à cuire jusqu'à ce que le feuilletage soit bien doré et croustillant. Avec le Tamis Duo TUPPERWARE, saupoudrez* régulièrement de sucre glace les trois rectangles de pâte, 5 mn avant d'achever la cuisson. Sortez-les du four et laissez tiédir. Coupez les extrémités, de chaque côté, et broyez-les finement pour en décorer les côtés du gâteau.

Préparez la sauce crème légère : épluchez la dernière pomme, coupez-la en morceaux et faites-la cuire dans le sirop. Mixez-la et refroidissez au freezer dans une boîte congélateur TUPPERWARE ou sur de la glace. Versez dans une saucière bien froide.

Montez la crème en Chantilly dans le petit bol batteur TUPPERWARE avec un peu de sucre en poudre et la cannelle. Mélangez à la compote. Garnissez une poche à douille de ce mélange. Recouvrez-en un feuilletage, posez un second rectangle feuilleté, recouvrez-le de mélange à l'aide de la poche et posez le troisième rectangle. Couvrez les 4 côtés de la composition crème et compote et pulvérisez le feuilletage broyé.

Le gâteau doit être « monté » à la dernière minute.

# Roland Gauthier

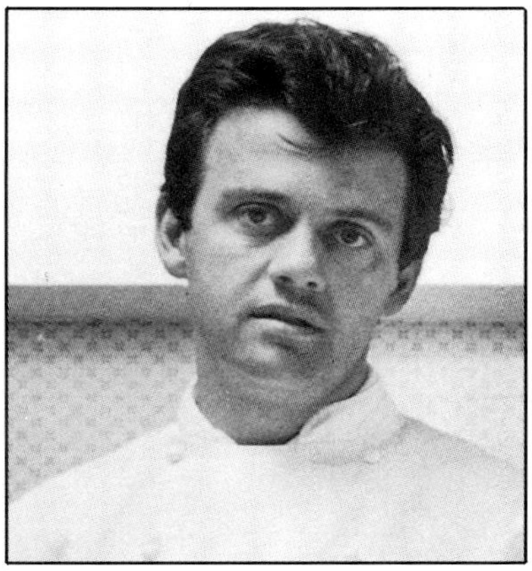



Il est sur les bords de la Manche, qui serpente au pied des remparts de Montreuil, un tout petit village où se niche une délicieuse auberge d'opérette tenue par un tout jeune couple. Là le temps semble s'être arrêté pour notre confort et notre gourmandise. Aidé par sa jolie femme, Roland Gauthier a su faire de cette belle ferme picarde un des hauts lieux de la gastronomie régionale. Tout en y mettant en valeur les produits du terroir, il ose, invente, décline des plats très maîtrisés dans leurs saveurs et leur cuisson. La carte des vins est superbe, l'accueil tout de charme et quelques jolies chambres permettent de prolonger ces moments délicieux.

LA GRENOUILLÈRE

La Madelaine-sous-Montreuil
62170 MONTREUIL-SUR-MER
Tél. : (16) 21 06 07 22

LA GRENOUILLÈRE

UN MENU D'HIVER QUI PARLE DE GIBIER – C'EST LA SAISON – ET LE DÉCLINE EN DEUX PLATS GÉNÉREUX. LA GLACE A DES PARFUMS DE SOUS-BOIS GRÂCE AU GENIÈVRE. SI LES CUISSONS SONT LONGUES, LES PRÉPARATIONS PEUVENT ÊTRE FRACTIONNÉES ET FAITES À L'AVANCE.
JE CONSEILLE POUR ACCOMPAGNER CE DÉLICIEUX REPAS UN SAINT-ÉMILION OU UN POMEROL.

# TERRINE DE LIÈVRE

DÉLICATE

LONGUE

CHER

Pour 6 à 8 personnes
(ou pour plusieurs fois)
500 g de chair de lièvre
(1 lièvre entier)
200 g de noix de veau
700 g de gorge de porc
100 g de foie de gibier
3 œufs entiers
100 ml de Cognac
1 feuille de laurier
une grande barde fine de lard
sel, poivre du moulin

Pour la marinade
céleri en branches
carottes
oignons
bouquet garni
baies de genièvre
poivre en grains
2 l de bon vin rouge

Faites cuire lentement, pendant 30 mn, tous les éléments de la marinade : légumes émincés, baies et poivre concassés.

Désossez entièrement le lièvre. Réservez* le foie et les filets du râble. Récupérez avec soin et patience, à l'aide d'un petit couteau bien affûté et pointu, toute la chair.

Mettez-la avec le foie et les filets dans la boîte à rôti TUPPERWARE. Ajoutez la marinade cuite et refroidie, la noix de veau coupée en morceaux ainsi que le porc blanchi* quelques minutes, égoutté et coupé en cubes. Couvrez et laissez mariner au frais une nuit.

Le lendemain, hachez toutes les viandes (sauf les filets) et le foie égouttés, moitié à la grille fine, moitié à la grosse grille. Ajoutez les œufs (légèrement battus dans le shaker TUPPERWARE) et le Cognac et mélangez bien.

Partagez en 4 dans le sens de la longueur les 2 filets réservés. Taillez la barde en longs rectangles (d'une taille supérieure à celle de la terrine pour pouvoir la rabattre sur les viandes). Garnissez la terrine avec la barde en la laissant dépasser à chaque extrémité.

Disposez la moitié de la farce dans la terrine, rangez au centre dans toute la longueur les bandes de filets et recouvrez du reste de farce. Déposez au centre une petite feuille de laurier. Rabattez dessus la barde qui dépasse ; il faut que toute la farce soit recouverte.

Mettez le récipient au bain-marie* et cuisez au four préchauffé 10 mn à th. 7 pendant 1 h 30.

Rangez la terrine au frais au moins 24 h avant de déguster.

# RÂBLE DE LIÈVRE À LA MOUSSE DE FOIE GRAS

FACILE

RAPIDE

RAISONNABLE

1 râble de lièvre
100 g de chair de lièvre
100 g de foie gras frais de canard
1 œuf entier
sel, poivre noir du moulin
marinade (la même que pour la terrine)

Levez les 2 filets du râble. Partagez le reste du lièvre en morceaux. Prélevez avec le couteau bien affûté et pointu la chair des cuisses des pattes, de manière à obtenir 100 g de chair pour la farce.

Avec cette chair mixée, salée, poivrée, mélangée au foie gras et à l'œuf légèrement battu, préparez une mousse homogène.

Ouvrez les filets du râble, tapissez l'intérieur de mousse, refermez, roulez et ficelez comme un rôti. Mettez à mariner toute une nuit dans la marinade cuite, versée dans le bol modulaire 4 l TUPPERWARE fermé avec le couvercle.

Le lendemain, faites revenir dans un peu de beurre les morceaux du lièvre. Égouttez les filets. Mouillez* avec la marinade et tous ses éléments. Laissez mijoter comme pour un civet classique. Comptez environ 10 mn pour que la sauce soit parfumée et réduite.

Passez à la passoire double TUPPERWARE que vous posez au-dessus d'une casserole et reposez sur feu doux, sans couvrir. Si vous avez pu récupérer le sang du lièvre, ajoutez-le à la sauce en remuant, mais faites attention à ne pas faire bouillir, sinon la sauce se décomposerait.

Séchez bien les filets. Chauffez le reste du beurre dans une poêle et faites-les dorer de tous côtés en les roulant dans la poêle. Laissez reposer dans la poêle, feu éteint, quelques minutes pour permettre au sang de revenir au centre.

Chauffez un plat et des assiettes. Faites cuire *al dente* des pâtes fraîches et versez-les dans le plat.

Coupez en tranches assez épaisses les filets, disposez sur les pâtes, nappez* de sauce et servez aussitôt.

# GLACE AUX PRUNEAUX ET AU GENIÈVRE

FACILE

PAS DE CUISSON

RAISONNABLE

300 ml de bon genièvre
100 g de pruneaux d'Agen
1 l de lait bouilli froid
200 g de sucre en poudre
8 jaunes d'œufs

Coupez les pruneaux dénoyautés en petits morceaux que vous mettez dans le bol modulaire 2 l TUPPERWARE. Couvrez de genièvre de grande qualité et laissez macérer*, couvercle posé, une nuit au frais.

Préparez la veille une crème anglaise avec le lait, le sucre et les jaunes, et laissez en attente au frais.

Versez dans la sorbetière la crème, les pruneaux et le genièvre de macération. Mélangez et branchez la sorbetière, ou bien mettez au congélateur en remuant fréquemment à la fourchette.

Ce dessert peut être dégusté avec des petites gaufres du Nord bien croustillantes.

# GUY GEDDA

Le Jardin de Perlefleurs est installé dans le jardin de la maison provençale de Guy GEDDA. Là, sous un pin parasol, un olivier, un figuier, face à une vue magnifique, il y sert ses recettes de cœur, pour 30 couverts seulement, afin de les réaliser à la perfection et donner du bonheur à ses clients-amis. Tous ces plaisirs de la gourmandise sont accompagnés avec de très bons Côtes-de-Provence ou autre vin local que le maître des lieux sait dénicher et assortir aux plats du terroir.

LE JARDIN
DE PERLEFLEURS

Chemin de l'Orangerie - 83230 BORMES-LES-MIMOSAS
Tél. : (16) 94 64 99 23

LES SARDINES, QUI DEMANDENT UN TRAVAIL LONG ET DÉLICAT, PEUVENT ÊTRE NETTOYÉES À L'AVANCE AINSI QUE LA FARCE, PRÉPARÉE ET CONSERVÉE DANS LA BOÎTE RECTANGULAIRE TUPPERWARE BIEN FERMÉE. LE LAPIN CUIT AU FOUR EST D'UNE PLUS BELLE PRÉSENTATION QUE CELUI CUIT EN COCOTTE : LES MORCEAUX RESTENT INTACTS.
CE MENU TYPIQUEMENT PROVENÇAL DEVRA ÊTRE ACCOMPAGNÉ DES BEAUX VINS DE LA RÉGION : LES SUPERBES CÔTES-DE-PROVENCE SE MARIENT À LA PERFECTION AVEC CES METS, DE L'ENTRÉE AU DESSERT.

LE JARDIN DE PERLEFLEURS

# MARINÉE DE SARDINES CRUES À L'ESTRAGON

DÉLICATE

PAS DE CUISSON

ÉCONOMIQUE

8 sardines fraîches
2 cuillères à soupe de bon vinaigre
8 cuillères à soupe d'huile d'olive
3 petits cornichons
2 pincées de poivre concassé, 1 pincée de sel fin
1 cuillère à café bombée de sucre semoule
1 cuillère à soupe rase de feuilles d'estragon
2 petites échalotes
1 carotte

En accompagnement

salade de mesclun, cerfeuil, persil, ciboulette,
1/2 poivron rouge
4 tranches de pain de campagne
beurre demi-sel à tartiner

Écaillez les sardines, coupez la tête et en tirant les entrailles, retirez l'arête centrale.

Lavez-les dans la passoire à manche TUPPERWARE, égouttez-les, épongez-les avec du papier absorbant. Laissez-les ouvertes. Préparez dans le shaker TUPPERWARE la vinaigrette : carotte râpée, cornichons coupés en fines rondelles, échalotes finement hachées, sel et sucre fondus dans le vinaigre, et ajoutez tous les autres éléments. Agitez ou mélangez.

Disposez les sardines ouvertes sur le grand plateau rectangulaire TUPPERWARE utilisé à l'envers. Recouvrez de 2 cuillères de sauce et faites une seconde couche de sardines. Recouvrez de sauce et laissez mariner* au réfrigérateur, une journée si possible ou au moins quelques heures.

Au moment du repas, égouttez les sardines. Faites griller les tranches de pain de campagne. Laissez un peu tiédir avant de tartiner de beurre demi-sel. Disposez deux sardines sur chaque tranche et posez celles-ci sur chaque assiette avec quelques brins de cerfeuil ou de persil, le poivron en lanières (grillé et pelé si possible) et plusieurs feuilles de mesclun. Arrosez le tout avec la sauce marinade et versez, en dernier, quelques gouttes d'une excellente huile d'olive vierge.

# LAPIN AU BLANC DE BLANCS DE PROVENCE

FACILE

LONGUE

RAISONNABLE

1 lapin d'1,4 kg
2 cuillères à soupe de moutarde forte
3 noix de beurre
8 gousses d'ail
150 g de petit salé
3 tomates
1 feuille de laurier
quelques sommités de thym
250 ml de Blanc de Blancs
2 pincées de sucre
sel, poivre noir

Beurrez un plat allant au four. Préchauffez celui-ci à th. 6.

Découpez le lapin en 6 morceaux que vous répartissez dans le plat sans oublier la tête et le foie. Badigeonnez les morceaux de moutarde avec un pinceau plat de cuisine. Saupoudrez* le tout de thym effeuillé, salez légèrement (à cause du lard), poivrez bien, retournez les morceaux et recommencez d'assaisonner et de parsemer de thym. Coupez l'ail épluché en rondelles et le lard en dés. Mélangez et répartissez sous et sur les morceaux.

Déposez la feuille de laurier. Concassez* grossièrement les tomates sur le contenu du plat et saupoudrez* de sucre. Arrosez de vin blanc et autant d'eau et faites cuire 1 h 30. A mi-cuisson, retournez les morceaux de lapin. Lorsque la cuisson est achevée, retirez délicatement les morceaux avec la fourchette TUPPERWARE. Réservez* au chaud avec les lardons récupérés dans le plat ovale avec égouttoir TUPPERWARE au fond duquel on aura versé préalablement de l'eau bouillante.

Passez la sauce au moulin à légumes, grille fine, placé au-dessus d'une casserole. Réchauffez la sauce avant d'en napper* les morceaux de lapin. Servez avec un riz pilaf.

# TARTE AUX PIGNONS

FACILE

MOYENNE

RAISONNABLE

Pour la pâte
200 g de farine
2 pincées de sel
2 cuillères à soupe rases de sucre en poudre
100 g de beurre
1 jaune d'œuf

Pour l'appareil*
175 g de poudre d'amandes
5 œufs
175 g de sucre en poudre
200 g de beurre ramolli
300 g de fruits confits hachés
5 cuillères à soupe de rhum
200 g de pignons
2 cuillères à soupe de raisins secs

Faites la pâte brisée la veille et laissez-la reposer en boule. Mettez les raisins à macérer* dans 3 cuillères à soupe de rhum.

Le jour même, préparez la garniture. Détachez les fruits confits en les remuant dans le bol modulaire 1 l TUPPERWARE et mouillez*-les avec le reste de rhum.

Mélangez le beurre, la poudre d'amandes, le sucre en poudre et ajoutez les œufs un par un. Travaillez énergiquement, ajoutez les raisins, les fruits confits et le rhum de macération des deux fruits.

Beurrez un moule à tarte.

Préchauffez le four à th. 6/7.

Étalez la pâte sur la feuille à pâtisserie avec le rouleau TUPPERWARE rempli d'eau tiède, pour la travailler plus facilement. Abaissez*-la à 3 mm environ d'épaisseur. Garnissez-en le moule, en insistant à l'intersection du fond et du bord et dans les alvéoles de celui-ci.

Versez sur la pâte le mélange préparé et couvrez-le de pignons. Tapotez légèrement la surface pour faire pénétrer les pignons dans le mélange.

Enfournez de 35 à 40 mn.

Démoulez la tarte lorsqu'elle est tout à fait refroidie.

# MARIE-CLAUDE GRACIA

Oui, elle est bien belle cette région où Marie-Claude GRACIA officie, entourée d'un bataillon de jeunes filles et secondée par son mari, Richard, maire de ce joli village. Celui-ci embellit sans cesse la maison, un superbe moulin du XVI$^{e}$ siècle situé au pied du château où le bon roi Henri cachait si peu ses amours. Il choisit avec soin les grands et petits vins de la région pendant qu'elle propose une cuisine de femme, simple et authentique, puisée dans les vieux carnets de famille.

L'AUBERGE DE
LA BELLE GASCONNE

47170 POUDENAS
Tél. : (16) 53 65 71 58

L'AUBERGE DE LA BELLE GASCONNE

LA TERRINE DE FOIE GRAS EST UNE SPÉCIALITÉ DE LA RÉGION. L'AGNEAU RÔTI EST PARFUMÉ DES HERBES DE LA CAMPAGNE. C'EST UN REPAS FAMILIAL AVEC DES PLATS DE GRAND-MÈRE FACILES À FAIRE, AU NOM DE SOUVENIRS D'ENFANCE ET QUI OFFRENT TOUJOURS LA POSSIBILITÉ D'ÊTRE PRÉPARÉS À L'AVANCE, CE QUI EST BIEN PRATIQUE ! UN GRAVES ROUGE OU UN PAUILLAC ACCOMPAGNERONT PARFAITEMENT CE REPAS.

# MA TERRINE DE FOIE GRAS

FACILE

MOYENNE

CHER

2 foies gras de canard ou d'oie (pour une terrine)
13 g de sel par kilo de foie
2 g de poivre blanc moulu par kilo de foie

Parez* les foies gras : retirez les nerfs et toutes les parties tachées par le fiel. Pesez-les alors et assaisonnez. Reformez-les, disposez-les dans la boîte à rôti TUPPERWARE et laissez-les reposer au frais une nuit, couvercle posé. Sinon recouvrez d'un linge humide pour qu'ils ne se déshydratent pas.

Le lendemain, les foies auront rejeté sang et eau. Préchauffez le four.

Déposez les foies dans une terrine et faites cuire doucement (th. 5/6) pour que les foies ne soient pas agressés. Au bout d'1 h environ, arrêtez la cuisson et laissez un peu tiédir avant de les retirer de la terrine et de verser la graisse dans un bol réfrigérateur 0,75 l TUPPERWARE (elle servira à cuire de délicieuses pommes de terre ou à faire rissoler des volailles).

Essuyez la terrine avec du papier absorbant. Replacez les foies à l'intérieur, posez une feuille de papier sulfurisé dessus avec une planchette et un poids (pas trop lourd pour ne pas trop tasser, sinon le foie perd de son moelleux).

Mettez au frais au moins 24 h et au plus 36 h.

Retirez ensuite le papier et versez un peu du gras retiré sur environ 1 cm, pour isoler de l'air. Ainsi préparée, la terrine va se conserver 15 jours (maximum).

Dès qu'elle est entamée, il est nécessaire de couvrir l'entame avec un peu de graisse pour qu'elle ne s'oxyde pas.

# AGNEAU RÔTI ET FARCI AU ROGNON

FACILE

MOYENNE

PAS TROP CHER

1 épaule d'agneau désossée (ayant conservé son manchon)
1 rognon de veau
quelques branches de thym frais
1 petit verre d'Armagnac
sel, poivre du moulin

Ouvrez le rognon en deux « en portefeuille ». Retirez la graisse et les nerfs. Chauffez une poêle antiadhésive et faites revenir le rognon sans matière grasse, à feu vif, rapidement des deux côtés (le temps de compter jusqu'à dix). Puis flambez-le à l'Armagnac. Salez et poivrez au moulin (assez gros, pour cela desserrez un peu la vis).

Saupoudrez* de thym émietté avec la petite boîte à épices TUPPERWARE et réservez* au chaud.

Préchauffez le four th. 9. Étalez l'épaule sur le plan de travail et introduisez le rognon.

Repliez la chair dessus et recousez soigneusement de façon à bien enfermer le rognon. Déposez l'épaule dans un plat allant au four et enfournez en comptant 20 mn par kg. Retournez l'épaule à mi-cuisson et arrosez.

Éteignez. Étalez sur le plan de travail 2 feuilles d'aluminium alimentaire assez grandes pour bien envelopper l'épaule. Posez-la dessus et refermez en serrant fortement. Reposez-la à l'entrée du four pour 10 mn de repos. De cette façon le rognon, à la coupe, devra être juste rosé et l'agneau cuit à point.

Coupez en tranches et servez avec des courgettes sautées à la crème.

# FLANS À LA VERVEINE DE MA MÈRE

FACILE

UN PEU LONGUE (*)

ÉCONOMIQUE

2 gousses de vanille
1 l de lait
250 g de sucre en poudre
6 œufs entiers
15 feuilles de verveine séchées (ou 10 fraîches)
3 feuilles de gélatine alimentaire

Fendez les gousses de vanille en deux dans leur longueur. Mettez-les dans le lait avec le sucre et portez à ébullition. Lorsque le lait a bouilli, retirez du feu et mettez-y à infuser la verveine pendant 10 mn. Pendant ce temps, battez les œufs dans le grand bol mélangeur TUPPERWARE. Préparez les pots de cuisson et la plaque de four faisant office de bain-marie*. Préchauffez le four th. 3/4.

Retirez les feuilles de verveine, versez le lait sur les œufs en fouettant*. Déposez dans chaque pot une feuille « neuve » de verveine, puis versez le mélange. Laissez cuire 40 mn à feu doux.

(*) Pour éviter la cuisson, nous avons versé le mélange œufs battus et lait dans une casserole et nous l'avons cuit à feu doux comme pour une crème anglaise. Lorsque le mélange est devenu épais, nous lui avons ajouté la gélatine, ramollie à l'eau fraîche et égouttée. Puis nous avons réparti la crème dans les petits moules gourmets TUPPERWARE et laissé prendre quelques heures au frais.

# Carlos Grootaert

Imaginez un conte de Perrault ou de Grimm : une chaumière coquette coiffée de chaume, ouverte sur la campagne fleurie et boisée du Velay et sur le bon air pur (nous sommes ici à 1 200 m d'altitude), un feu de bois dans la vaste cheminée, de beaux meubles cirés.
Carlos et Marlène GROOTAERT s'attachent à offrir la meilleure et la plus sincère cuisine de toute la région, même le pain qui sent bon les blés de juillet est fait ici, les légumes sont du marché voisin, les fruits du jardin et les vins du proche Sud-Ouest.

LE PRÉ BOSSU

43150 MOUDEYRES
Tél. : (16) 71 05 10 70

LE PRÉ BOSSU

LE MENU EST À L'IMAGE DE CETTE JOLIE « CHAUMIÈRE » : RUSTIQUE ET RAFFINÉ, CHALEUREUX ET BON ENFANT. LA CASSOLETTE, DE COURTE CUISSON, PEUT SE TERMINER AU DERNIER MOMENT. LA PAPILLOTE — TOUJOURS SI AGRÉABLE À OUVRIR — AUSSI. LA MOUSSE DE BANANES ATTENDRA AU FRAIS.
JE CONSEILLE POUR ACCOMPAGNER CE DÉLICIEUX REPAS UN VIN D'ARBOIS POUR L'ENTRÉE ET UN CHÂTEAU CHABON POUR LE PLAT.

# CASSOLETTE DE CHAMPIGNONS DES BOIS

FACILE

RAPIDE

UN PEU CHER

500 g de champignons divers
12 œufs de cailles
2 tomates
3 branches de cerfeuil ou de persil plat
150 g de beurre
4 échalotes moyennes
sel, poivre
ras-el-hanout (épiceries marocaines)

Pour préserver leur arôme, nettoyez les champignons avec un pinceau, puis un linge humide que vous rincez fréquemment, plutôt qu'à l'eau. Hachez fin les échalotes et concassez* les tomates pelées et épépinées. Faites étuver* les échalotes dans 30 g de beurre sans trop colorer*. Coupez les champignons en lamelles (ou en quartiers s'ils sont trop gros) et ajoutez-les aux échalotes.

Après 3 à 4 mn, parsemez de concassé* de tomates, salez et poivrez et, toujours à feu doux, laissez s'attendrir. Couvrez pour garder chaud.

Chauffez 4 assiettes et choisissez une petite poêle (à blinis) pour cuire les œufs 3 par 3. Cassez ceux-ci dans une soucoupe. Chauffez sur feu doux 30 g de beurre et versez doucement les œufs dedans.

Pendant cette cuisson, garnissez les assiettes de champignons aux échalotes et tomates. Déposez délicatement, en vous aidant de la spatule ajourée TUPPERWARE, les œufs sur une assiette garnie. Remettez du beurre à chauffer et procédez de la même façon pour la seconde assiette.

Pendant cette seconde cuisson, effeuillez le cerfeuil ou le persil et décorez-en la première assiette après avoir saupoudré* de sel, poivre et de ras-el-hanout. Faites de même pour les 4 autres assiettes en tenant les premières au chaud. Servez aussitôt.

# ESCALOPES DE SAUMON EN PAPILLOTE

FACILE

RAPIDE

RAISONNABLE

4 escalopes de saumon norvégien de 150 g pièce
1 chou frisé
4 tomates
3 échalotes moyennes
1 petite botte de ciboulette
1/2 botte de persil simple
1 citron non traité
80 à 100 ml de fumet* de poisson
350 ml de Xérès sec
140 g de beurre
sel, poivre du moulin

Retirez les feuilles abîmées et trop vertes du chou. Blanchissez* les autres à l'eau salée bouillante. Égouttez-les alors qu'elles sont juste attendries dans la grande passoire modulaire TUPPERWARE. Rafraîchissez-les à l'eau froide, épongez et retirez la nervure centrale.

Pelez, épépinez et concassez* les tomates. Hachez fin les échalotes, faites-les étuver* dans 30 g de beurre. Ciselez* le persil et la ciboulette dans un bol réfrigérateur 450 ml TUPPERWARE. Pelez le citron et coupez-le en 8 tranches. Préchauffez le four à th. 9.

Taillez 4 grandes feuilles de papier sulfurisé, beurrez-les. Étalez au centre 2 feuilles de chou, une tomate concassée, un peu d'échalote, salez et poivrez. Posez dessus une escalope de saumon, parsemez de ciboulette et de persil ciselés. Posez 2 fines tranches de citron, épicez à nouveau, arrosez d'un filet de Xérès et de fumet de poisson. Posez une noix de beurre et fermez avec soin. Faites cuire 3 à 4 mn.

Chauffez 4 assiettes. Posez sur chaque une papillote que chacun ouvrira et admirera avant d'en humer le parfum.

# MOUSSE DE BANANES

FACILE

PAS DE CUISSON

RAISONNABLE

4 bananes bien mûres
20 g de beurre mou
1 cuillère à café de sirop de grenadine
1 cuillère à café de sirop de citron
le jus d'1 demi-citron
1 feuille de gélatine
50 ml de sirop de sucre de canne
250 ml de crème fleurette
100 g de fraises ou de framboises
200 ml de coulis de fruits rouges

Épluchez les bananes, coupez-les en rondelles, pressez le jus d'un demi-citron. Faites ramollir la gélatine dans de l'eau.

« Montez » la crème en la fouettant* dans le petit bol batteur TUPPERWARE et entreposez au réfrigérateur.

Mixez les bananes avec le beurre mou, les deux sirops de fruits et le jus de citron pour obtenir une pâte lisse.

Faites tiédir le sirop de canne à sucre. Égouttez la gélatine et incorporez-la au sirop légèrement chaud dans lequel elle va se dissoudre.

Sortez la crème. Ajoutez-lui le sirop à la gélatine, puis incorporez le tout à la « pâte » de bananes. Versez dans le bol modulaire 1,5 l TUPPERWARE et laissez reposer au réfrigérateur quelques heures. Entreposez également le coulis au frais.

Mettez les assiettes à dessert au froid. Au moment de servir, sortez-les ainsi que la mousse et le coulis.

Nappez* les assiettes de coulis. Avec une cuillère à entremets prélevez des « quenelles » dans la mousse, déposez-les dans l'assiette. Décorez avec des framboises ou des fraises, entières si elles sont petites ou émincées* si elles sont grosses. Disposez-les en éventail.

Servez aussitôt.

# EDITH HAMELIN

Un ruisseau bordé de pierres serpente sous les fenêtres de la propriété, un troupeau de moutons broute en rêvant, un lac s'étale où barbotent les canards et nagent les cygnes. On pourrait imaginer les personnages de Lamartine ou de Musset si quelques bonnes odeurs de cèpes ne vous parvenaient, s'échappant d'une aile de la maison où Edith HAMELIN prépare une cuisine raffinée issue du terroir. Vous pourrez aussi apprendre les secrets de la cuisine périgourdine et emporter quelques souvenirs gourmands.

LE MANOIR
DE HAUTEGENTE

Coly-en-Périgord - 24120 TERRASSON
Tél.: (16) 53 51 68 03

# MILLE-FEUILLE AU FOIE GRAS

RAPIDE

COURTE

CHER

4 fines tranches de jambon blanc
100 g de bloc de foie gras d'oie ou de canard
25 g de beurre en pommade
1 cuillère à soupe de Porto
sel, poivre, Cayenne

Choisissez du jambon de première qualité et faites-le couper fin.

Partagez chaque tranche en 2 dans le sens de la longueur.

Faites tiédir le Porto.

Mixez le foie gras et dès qu'il est en purée ajoutez-y le beurre bien mou, puis le Porto et enfin le sel et le poivre. Faites tourner quelques secondes le mixer et versez dans le bol mélangeur 2 l TUPPERWARE. Goûtez et rectifiez l'assaisonnement. Ajoutez une légère pointe de Cayenne.

Au fond d'une boîte compacte 850 ml TUPPERWARE, déposez une tranche de jambon, tartinez avec la préparation, recouvrez-la d'une deuxième tranche de jambon, tartinez à nouveau et ainsi de suite jusqu'au bord de la boîte. Terminez par une tranche de jambon qui servira de socle.

Mettez le mille-feuille au réfrigérateur pour une nuit.

Coupez en tranches minces et servez sur un lit de salades mélangées.

Offrez du pain de campagne frais grillé.

LE MANOIR DE HAUTEGENTE

VOICI UN MENU QUE VOUS POURREZ PRÉPARER EN GRANDE PARTIE LA VEILLE : LE MILLE-FEUILLE PEUT MÊME ATTENDRE 24 H AU FRAIS. LES CHAMPIGNONS PEUVENT ÊTRE CUITS À L'AVANCE. LA PÂTE À TARTE GAGNERA À REPOSER. LA COMPOTE ET LES POMMES ÉMINCÉES (CES DERNIÈRES LÉGÈREMENT CITRONNÉES) PRÉPARÉES LE MATIN POUR LE DÉJEUNER, PAR EXEMPLE, SERONT ENTREPOSÉES AU FRAIS. QUELQUES INSTANTS SUFFIRONT POUR ACHEVER LA PRÉPARATION DU REPAS. LE MILLE-FEUILLE DE FOIE GRAS SERA TRÈS APPRÉCIÉ AVEC UN GEWÜRZTRAMINER.

# POULET AU MONBAZILLAC

FACILE

MOYENNE

CHER

1 poulet fermier d'environ 1,4 kg
3 cuillères à soupe rases de graisse d'oie
3 grosses échalotes
1 petit oignon
2 petites carottes
2 brindilles de thym
1 pointe de quatre-épices
1 bouteille de Monbazillac
150 g de trompettes de la mort
1 poivron rouge
200 ml de crème fleurette

Coupez en 4 la volaille en maintenant la peau sur la chair (réservez* abats* et abattis* pour un potage). Graissez légèrement au pinceau une large sauteuse antiadhésive.

Posez-la sur un feu vif et rangez-y les morceaux côté peau vers le fond.

Pendant ce temps, hachez fin les échalotes et l'oignon, émincez* les carottes.

Retournez les morceaux sans les défaire avec la fourchette TUPPERWARE. Laissez cuire l'intérieur 3 mn, puis ajoutez le hachis et l'émincé. Baissez à feu doux et faites suer* 5 mn.

Retirez ensuite poulet et légumes sur du papier absorbant. Réservez la graisse de cuisson dans un petit bol réfrigérateur TUPPERWARE.

Reposez la sauteuse non lavée sur le feu et remettez les morceaux côté intérieur vers le fond avec des légumes. Effeuillez dessus le thym, saupoudrez* de quatre-épices, de sel et de poivre, arrosez de Monbazillac, couvrez et faites cuire à feu doux 15 mn.

Pendant ce mijotage*, préparez les champignons et cuisez-les à la poêle dans une cuillère de graisse d'oie.

Remontez le feu sous la sauteuse pour réduire le jus de cuisson.

Mélangez la crème au jus, remontez le feu et faites réduire jusqu'à onctuosité. Ajoutez à la sauce les champignons cuits et dégraissés sur du papier absorbant et nappez*-en le poulet.

Servez avec du riz sauvage et des haricots verts.

# TARTE AUX POMMES HAUTEGENTE

FACILE

RAPIDE

ÉCONOMIQUE

250 g de farine tamisée
250 g de beurre ramolli
1 pincée de sel
3 œufs
1 kg de pommes
100 ml d'Armagnac ou Calvados
150 g de sucre en poudre
noix hachées ou amandes effilées

Mélangez la farine avec le sel, 125 g de beurre ramolli et un œuf.

Ajoutez l'eau en dernier, roulez en boule et laissez reposer au frais mais pas au réfrigérateur.

Pendant ce temps préparez une compote avec 750 g de pommes et 75 g de sucre.

Parfumez-la à la vanille ou à la cannelle selon votre goût.

Épluchez les pommes réservées* et coupez-les en lamelles. Si la pâte est trop froide, étalez-la à l'aide du rouleau à pâtisserie TUPPERWARE rempli d'eau tiède. Puis déposez la pâte dans un moule.

Garnissez-la d'une feuille de papier sulfurisé et de haricots. Faites-la précuire au four préchauffé (th. 6), sans la faire trop dorer.

Battez les 2 œufs en omelette avec le reste de sucre et l'Armagnac (ou le Calvados). Ajoutez 125 g de beurre fondu dans le petit pichet gradué TUPPERWARE.

Sortez le moule du four, retirez papier et haricots, étalez la compote sur la pâte, rangez dessus les lamelles de pommes sans garnir trop et versez l'omelette sur le tout.

Saupoudrez* de noix hachées ou d'amandes effilées et repassez au four 10 mn à th. 7.

Déposez sur une grille et servez tiède.

# Jean-Louis Huclin

Deux petites salles à la blondeur agréable déjà prises d'assaut depuis l'ouverture récente. Un choix incroyable de plats très diversifiés, préparés avec talent et passion par Jean-Louis HUCLIN, un jeune chef qui a déjà fait ses preuves avant de s'installer chez lui, secondé par l'aimable Pascal MOLTO. Prix sages pour une belle petite carte de vins. Service diligent dans ce restaurant situé dans une rue calme où l'on peut ranger sa voiture sans trop de difficulté. Les toutous sont biens reçus.

L'ŒILLADE

10, rue de Saint-Simon - 75007 PARIS
Tél. : (1) 42 22 01 60

L'ŒILLADE

AFIN D'AVOIR UN CONTRASTE DE COULEURS D'UN EFFET RAVISSANT, ON PEUT PRÉFÉRER, POUR LA SAUCE DU FLAN DE COURGETTES, UN COULIS DE TOMATES, UNE ANCHOÏADE DOUCE, UN COULIS BIEN VERT DE PERSIL OU ENCORE UNE CRÈME DE POIVRONS ROUGES ET JAUNES.
COMME VIN D'ACCOMPAGNEMENT, JE CONSEILLE UN VIN DE PROVENCE DU DOMAINE D'OTT.

# FLAN DE COURGETTES

FACILE

RAPIDE

ÉCONOMIQUE

5 courgettes
2 œufs
3 cuillères à soupe de crème fraîche épaisse
25 g de beurre mou
sel, poivre blanc du moulin
1 pincée de Cayenne

Pour la sauce
4 gousses d'ail
4 cuillères à soupe de crème fleurette
50 g de beurre
sel et poivre

Beurrez au pinceau 4 petits ramequins et entreposez au frais.

Retirez le pédoncule et la partie inférieure des courgettes sur un centimètre sans les éplucher. Coupez 4 courgettes en gros morceaux. Émincez* la dernière.

Faites cuire à la vapeur en retirant d'abord les fines tranches. Laissez-les refroidir posées à plat sur du papier absorbant et réservez*-les. Dans un pichet gradué 2 l TUPPERWARE, mixez sans excès les morceaux cuits avec les œufs, la crème, du sel, du poivre et du Cayenne à votre goût. Sortez les ramequins. Préchauffez le four à th. 5/6.

Garnissez le fond des ramequins avec les fines rondelles de courgettes et versez la préparation bien tiède en vous arrêtant à 1 cm du bord du ramequin. Déposez dans un plat à bain-marie*, enfournez et laissez cuire 20 mn.

Préparez la sauce à l'ail : choisissez une petite casserole à la taille des gousses d'ail. Laissez-les, bien protégées dans leur peau. Couvrez-les d'eau salée à ras, faites cuire à feu doux. Après 10 mn, vérifiez la cuisson : la chair doit être fondante et l'eau presque évaporée.

Retirez l'ail sur une planche, coupez la partie dure et pressez avec la lame d'un couteau. Récupérez la chair et mettez-la dans la petite casserole avec la crème fraîche. Faites réduire à feu assez vif tout en fouettant*.

Ajoutez le beurre mou et fractionné, et tout en fouettant doucement, après avoir baissé le feu, montez* la sauce. Goûtez, rectifiez l'assaisonnement. Démoulez le flan sur des assiettes chauffées et versez autour de la sauce fluide et légère.

# OSSO BUCCO À MA FAÇON

FACILE

LONGUE

RAISONNABLE

4 tranches de jarret de veau de 175 à 200 g chacune
4 carottes
2 oignons pas trop gros
2 gousses d'ail
50 g de beurre
1 cuillère à café d'huile d'olive
1 cuillère à soupe de purée de tomates
le zeste d'1/2 citron et d'1/2 orange non traités
200 ml de vin blanc sec
100 ml de bouillon de veau ou de volaille
1 bouquet garni
4 branches de persil plat
sel et poivre du moulin
farine
1 anchois

Épluchez les carottes et les oignons. Coupez les premières en petits cubes, émincez* les seconds.

Ciselez* la fine peau qui entoure les rouelles de veau pour leur éviter de se recroqueviller à la cuisson. Frottez, avec du sel, le centre de l'os à moelle sur ses deux faces afin d'empêcher la moelle de s'échapper.

Mettez la farine dans le couvercle du Multi-service TUPPERWARE et tournez les rouelles de chaque côté en secouant l'excès de farine. Choisissez une cocotte pouvant contenir les quatre tranches côte à côte sans qu'elles se chevauchent.

Chauffez les 2/3 du beurre et l'huile d'olive dans la cocotte posée sur feu moyen. Faites-y blondir la viande sur chaque face. Retirez avec la spatule ajourée TUPPERWARE.

Ajoutez le reste de beurre, laissez à peine chauffer et jetez-y aussitôt oignons et carottes. Remuez pour bien mélanger et laissez s'attendrir à feu plus doux.

Ajoutez le bouquet garni, les zestes, la purée de tomates, le poivre, le vin et le bouillon. Couvrez et laissez cuire à petit feu 45 mn en retournant les tranches. Vérifiez le niveau de liquide, ajoutez l'ail écrasé. Continuez encore la cuisson pendant 20 mn à feu le plus doux possible.

Ciselez* le persil, hachez l'anchois, mélangez et ajoutez ce hachis parfumé à la sauce sans remuer la viande. Encore 15 mn de cuisson et servez très chaud, sur un plat, avec des pâtes fraîches.

# CRÈME BRÛLÉE

FACILE

RAPIDE

ÉCONOMIQUE

350 ml de lait bouilli et refroidi
250 ml de crème fleurette
4 jaunes d'œufs
80 g de sucre semoule
1 sachet de sucre vanillé
65 g de cassonade* blonde

Fouettez*, dans le bol batteur 1,5 l TUPPERWARE, les jaunes avec le sucre semoule et le sucre vanillé, jusqu'à ce que le mélange forme un ruban.

Mélangez la crème et le lait, puis versez-les sur le mélange, tout en fouettant légèrement.

Préchauffez le four à th. 5.

Versez la préparation passée au chinois, sur 2 cm au maximum de hauteur dans 4 plats en porcelaine à four. Laissez reposer 35 mn pour que les bulles d'air s'échappent. Retirez l'écume formée en surface.

Déposez les moules dans un plat à bain-marie*. Enfournez, baissez aussitôt le thermostat à 3. Comptez environ 25 mn pour que la crème soit juste prise.

Laissez refroidir à température ambiante puis entreposez au réfrigérateur.

Allumez le gril du four lorsque la crème est parfaitement refroidie.

Saupoudrez la surface de cassonade et placez assez près du gril pour caraméliser le sucre, ce qui demande une surveillance complète mais courte puisqu'il ne faut pas plus de 25 secondes pour obtenir un joli doré bien craquant.

Consommez tiède ou froide.

Jaune
ARBOIS Contrôlée

# JEAN-PAUL JEUNET

Jean-Paul JEUNET a rénové la maison familiale et revivifié un répertoire classique, sans trahir ce qui avait fait la célébrité du restaurant du temps de son père : produits de la région et recettes traditionnelles, mais recréées grâce à son époustouflant talent, son enthousiasme, sa fantaisie que tempère un travail rigoureux. Surprendre et séduire pourrait être la devise de cette belle maison qui possède une cave extraordinaire, où les vins du Jura triomphent aussi bien dans les casseroles que dans les verres.

LE PARIS

9, rue de l'Hôtel de Ville - 39600 ARBOIS
Tél. : (16) 84 66 05 67

# MOUSSELINE DE BROCHET AU COULIS D'ÉCREVISSES

DÉLICATE

LONGUE

CHER

LE PARIS

CETTE CÉLÉBRATION DES PRODUITS DU PAYS ET DE RECETTES CLASSIQUES RAJEUNIES FERONT LA JOIE DES CUISINIER(E)S CHEVRONNÉ(E)S. IL Y FAUT UN CERTAIN TOUR DE MAIN ET DE LA PATIENCE MAIS CES PLATS SPÉCIFIQUEMENT FRANC-COMTOIS RÉGALENT LES GOURMANDS, GRANDS ET PETITS.
UN PUPILLIN (VIN D'ARBOIS) ACCOMPAGNERA FINEMENT LA MOUSSELINE DE BROCHET, ET LE GIGOT DE POULARDE S'ÉPANOUIRA AVEC UN POUILLY FUMÉ.

250 g de chair de brochet
200 ml de crème fraîche
180 g de beurre en pommade
5 œufs entiers
250 ml de coulis d'écrevisses (existe tout prêt)
200 ml de blanc sec de Pupillin
1 bouquet garni
2 cuillères à soupe de purée de tomates
1/2 branche d'estragon
4 écrevisses
sel et poivre

Mixez la chair de brochet très finement et réservez* dans le petit bol réfrigérateur 400 ml TUPPERWARE au frais jusqu'au lendemain, ou le matin pour le soir.

Travaillez au fouet 200 g de chair mixée dans le grand bol mélangeur TUPPERWARE. Incorporez 125 g de beurre en pommade et ensuite les œufs, un par un, en travaillant à chaque fois. Salez et poivrez. Mettez 15 mn au réfrigérateur.

Fouettez* la crème jusqu'à consistance ferme. Ajoutez à cette crème la chair de brochet et mélangez délicatement avec une spatule TUPPERWARE. Goûtez et rectifiez l'assaisonnement.

A l'aide d'une poche sans douille, mettez la préparation dans 4 ramequins beurrés (12 g chacun). Déposez dans un bain-marie* et couvrez de papier aluminium. Faites cuire 15 mn au four préchauffé.

Pendant cette cuisson, réchauffez doucement le coulis d'écrevisses acheté tout prêt, ou à faire avec les carapaces et les têtes pilées de 6 à 8 écrevisses (cuites au beurre avec une mirepoix*, mouillées* de 200 ml de blanc sec de Pupillin, avec un bouquet garni et 2 cuillères à soupe de purée de tomates). Cette préparation faite à feu doux 1 h puis passée au chinois sera liée au dernier moment d'une bonne cuillère de crème et d'une autre de beurre.

Châtrez* les écrevisses, faites-les cuire à l'eau bouillante salée 3 à 4 mn. Retirez-les, décortiquez-les et réservez les queues au chaud. Vous les réchaufferez dans le coulis au dernier moment.

Effeuillez l'estragon. Démoulez les soufflés sur 4 assiettes chaudes, nappées* de coulis. Garnissez avec l'écrevisse et parsemez de feuilles d'estragon.

# GIGOT DE POULARDE AU VIN JAUNE ET MORILLES

FACILE

MOYENNE

UN PEU CHER

1 poularde d'1,4 kg
200 g de blanc de volaille
250 g de crème fraîche
40 g de morilles séchées
150 ml de Vin jaune
épices et herbes mélangées
100 g de beurre
1 échalote
riz basmati

Prélevez de la volaille les 2 cuisses, les 2 ailes avec les blancs. Désossez-les et assaisonnez l'intérieur de sel fin et de poivre moulu.

Hachez l'échalote, nettoyez les morilles. Préparez une farce avec les blancs de volaille, la moitié des morilles, 2 cuillères à soupe de crème fraîche, 1/2 échalote hachée, sel, poivre. Mixez le tout ou hachez très fin.

Farcissez les 4 morceaux, roulez et ficelez-les (cette préparation peut être réalisée la veille et attendre dans un bol réfrigérateur 0,75 l TUPPERWARE). Chauffez le beurre dans une sauteuse allant au four, faites revenir à feu doux les 4 pièces sans laisser colorer*. Préchauffez le four à th. 5/6. Couvrez la sauteuse, avant de l'enfourner 15 mn. Sortez-la du four, retirez les morceaux et tenez-les au chaud dans le Multi-service TUPPERWARE. Posez la sauteuse sur feu moyen, déglacez* le jus de cuisson avec le Vin jaune. Ajoutez le reste de morilles et de crème fraîche, remuez, puis ajoutez le reste d'échalote. Faites réduire à feu très doux, goûtez et rectifiez l'assaisonnement. Remettez les morceaux dans la sauce, couvrez la sauteuse, laissez mijoter 15 mn.

Pendant ce temps, préparez le riz basmati.

Déficelez les morceaux. Servez-les entiers dans la sauteuse ou coupez-les en tranches et posez-les sur les assiettes avec la sauce et le riz.

# SOUFFLÉS CHAUDS À LA FRAMBOISE ET COULIS VANILLE

DÉLICATE

COURTE

RAISONNABLE

500 g de framboises (fraîches ou surgelées)
300 g de sucre semoule
5 blancs d'œufs
350 ml de crème pâtissière
1 cuillère à soupe d'alcool de framboises
1/2 citron non traité
1/2 l de glace à la vanille

Préparez d'abord la crème pâtissière et laissez-la tiédir dans le grand bol mélangeur TUPPERWARE.

Réservez* 100 g de framboises pour le coulis. Mettez-les dans le bol réfrigérateur 0,75 l TUPPERWARE avec l'alcool, couvrez et réservez. Mettez le reste des framboises dans une casserole avec 250 g de sucre et 500 ml d'eau. Posez sur feu vif, amenez à ébullition ; baissez le feu et laissez cuire 8 mn. Puis passez le tout au mixer et au tamis.

Beurrez au pinceau l'intérieur de 4 petits moules à soufflé ou de 4 ramequins. Saupoudrez* de sucre semoule chaque moule que vous retournez pour éliminer l'excès de sucre. Réservez.

Préchauffez le four th. 6. Incorporez à la crème pâtissière les framboises tamisées. Dans le grand bol batteur TUPPERWARE, battez les blancs et ajoutez-leur une pincée de sucre lorsqu'ils sont montés à demi. Finissez de les battre en neige mi-ferme.

Mélangez 1/4 des blancs au mélange crème pâtissière et framboises à l'aide d'un fouet puis, avec le racloir TUPPERWARE, ajoutez le reste délicatement.

Versez la préparation dans les moules jusqu'aux 3/4 environ. Lissez la surface avec une spatule et, avec la pointe d'un couteau, décollez les bords intérieurs des moules. Enfournez 10 mn. Si les soufflés colorent* trop vite, couvrez-les d'un papier sulfurisé beurré. Pendant la cuisson, mixez les framboises avec l'alcool, 1 cuillère de sucre et un trait* de citron. Passez ensuite au tamis.

Servez les soufflés chauds avec le coulis de framboises et déposez sur chacun une boule de glace vanille.

Bandol
ROSÉ

# Jean-Jacques Jouteux

Jean-Jacques JOUTEUX a transformé un ancien hôtel ravagé par le temps en un établissement chaleureux, clair et fleuri, où il élabore sa cuisine de plaisir qui marie insolente invention et technique absolue. Et, s'il le veut, il est bien parti pour encore nous étonner et nous combler de satisfactions gourmandes. Le menu proposé en est la preuve : il offre dans un plat apparemment classique la fulgurance de l'audace qui sait déranger autant que plaire.

LE PROVENÇAL

2, avenue Denis Séméria - 06230 ST-JEAN-CAP-FERRAT
Tél. : (16) 93 76 03 97

# COROLLES D'ARTICHAUTS AUX LANGOUSTINES

LONGUE

RAPIDE

CHER

12 belles langoustines
2 carottes
2 oignons
1 poireau
2 tomates
4 artichauts violets
7 cuillères à soupe d'huile d'olive
1 bouquet de basilic
1 bouquet de coriandre
3 citrons non traités
sel fin et gros sel
poivre du moulin

La veille, préparez la sauce* à partir des têtes et des carapaces des langoustines, les queues décortiquées étant réservées au frais, dans le petit bol réfrigérateur TUPPERWARE. Mettez dans une grande casserole les têtes et les carapaces concassées avec les quatre légumes lavés, épluchés et tronçonnés. Faites colorer en remuant dans un filet d'huile. Ajoutez les queues du persil effeuillé. Mouillez d'eau à hauteur, salez au gros sel et faites cuire 15 mn. Passez ensuite à la passoire double TUPPERWARE et mettez le jus au frais.

Au moment du repas, retirez les feuilles du cœur des artichauts. Faites cuire ces feuilles avec un bon verre d'eau (150 ml), 1 cuillère à café d'huile, le jus d'1/2 citron et du sel, pendant 10 mn à partir du début de l'ébullition.

Filtrez et récupérez ce jus que vous ajoutez à celui des langoustines et celui de 2 citrons. Complétez avec 4 cuillères à soupe d'huile et un petit verre d'eau (125 ml).

Versez dans une poêle 1 cuillère à soupe d'huile et, dès qu'elle est chaude, posez les artichauts côté cœur. Faites-les cuire 3 à 4 mn jusqu'à coloration. Mouillez avec le jus préparé, couvrez et cuisez 5 mn. Retirez-les ensuite dans un plat de service, couvrez-les pour les conserver chauds.

Rassemblez le reste de sauce dans une poêle posée sur feu doux et, dans une autre, versez le reste d'huile. Lorsqu'elle est très chaude, disposez les queues de langoustines pour 2 mn de cuisson. Retirez-les avec une spatule TUPPERWARE et transférez-les dans la sauce chaude. Versez la sauce autour des artichauts.

Parsemez de feuilles de basilic et de coriandre. Servez aussitôt avec des assiettes chaudes.

LE PROVENÇAL

POUR UNE MEILLEURE ORGANISATION AU MOMENT DU REPAS, PRÉPAREZ À L'AVANCE CE QUI PEUT L'ÊTRE :
POUR LES COROLLES : LANGOUSTINES DÉCORTIQUÉES, « SAUCE » CUITE ET PASSÉE.
POUR LE SAUMON : LES ASPERGES CUITES (VOUS LES RÉCHAUFFEREZ AU DERNIER MOMENT), LES QUEUES MIXÉES, LEUR JUS RÉCUPÉRÉ. LES PÊCHES PEUVENT ÊTRE CUITES LA VEILLE ET TENUES AU FRAIS. LA BRIOCHE, GRILLÉE AU DERNIER MOMENT, FERA UN AGRÉABLE CONTRASTE AVEC LEUR FRAÎCHEUR.
COMME VIN D'ACCOMPAGNEMENT, JE SUGGÈRE UN CHABLIS POUR L'ENTRÉE ET UN TAVEL AVEC LE SAUMON À LA CANNELLE.

# SAUMON À LA CANNELLE ET AU JUS D'ASPERGES

FACILE

RAPIDE

CHER

1 botte d'asperges vertes
1 filet épais de saumon frais
2 bâtons de cannelle
1 cuillère à soupe d'huile d'olive
1 bottillon de coriandre fraîche
40 g de beurre
1 filet de vinaigre de vin vieux
sel et poivre du moulin

Épluchez les asperges, faites-les cuire à l'eau bouillante, les têtes hautes, 6 mn environ.

Coupez le filet de saumon en quatre dans le sens de la longueur. Après les avoir salés et poivrés, faites-les poêler côté peau dans l'huile. Disposez 1 ou 2 bâtons de cannelle et faites-les cuire 5 mn à feu doux.

Égouttez les asperges, coupez les têtes sur 3 cm et gardez-les au chaud dans le Multi-service TUPPERWARE avec les feuilles du bottillon de coriandre.

Mixez les queues pour obtenir une crème très fluide que vous filtrez pour en recueillir seulement le jus. Portez celui-ci à ébullition avec le beurre et le vinaigre.

Disposez sur un plat chaud où vous versez le jus, les pointes d'asperges et le saumon garni de cannelle. Servez aussitôt.

# PÊCHES AUX CLOUS DE GIROFLE ET JUS DE TRUFFE

FACILE

RAPIDE

RAISONNABLE

8 pêches blanches (de vigne de préférence)
8 clous de girofle
400 ml de Bandol rosé ou rouge
1 citron vert
1 cuillère à café de jus de truffe
50 g de beurre

En accompagnement
une brioche mousseline

Lavez chaque pêche et piquez-la d'un clou de girofle. Disposez-les dans un plat allant au four, arrosez-les de Bandol, de jus de citron vert et de jus de truffe mélangés dans le shaker TUPPERWARE. Saupoudrez*-les de sucre en poudre et sur chaque fruit, posez une noisette de beurre.

Enfournez-les au four préchauffé (th. 6) et laissez-les cuire comme vous feriez pour les pommes au four en les arrosant de jus de temps à autre. Elles doivent, selon leur grosseur, être tendres au bout de 10 à 15 mn. Laissez-les tiédir et, si nécessaire, faites réduire leur jus, sur le feu, jusqu'à onctuosité.

Servez sur une tranche de brioche mousseline grillée, disposée dans chaque assiette avec 2 pêches dessus et le jus bien réduit autour.

# Michel Kerever

On vient plus sur les rives de ce lac trop tranquille pour la belle cuisine de Michel KEREVER que pour les joies des jeux du hasard. Dans un beau décor classique, il joue de saveurs subtiles, d'associations heureuses et sages (la clientèle ne veut pas être bousculée dans ses habitudes) qu'il pourrait, si on laissait s'épanouir son grand talent, élever à des hauteurs inattendues. Il a le sens des accords heureux, celui aussi des justes cuissons pour de superbes produits, et sait comme pas un, réaliser ces desserts parfois oubliés qui sont chefs-d'œuvre de gourmandise et apothéose d'un beau repas.

DUC D'ENGHIEN

3, avenue de Ceinture - 95880 ENGHIEN
Tél. : (1) 34 12 90 00

RAFFINÉ, ÉLÉGANT, CE REPAS POUR LEQUEL IL FAUT SORTIR LA VAISSELLE DES JOURS DE FÊTE CONVIENT À MERVEILLE À DES AMOUREUX OU POUR RECEVOIR VOTRE PATRON. SI LA CONFECTION DE CHAQUE PLAT EST UN PEU DÉLICATE, VOUS POUVEZ GAGNER DU TEMPS EN CUISANT ET EN RÉSERVANT AU FRAIS TOUT CE QUI PEUT ATTENDRE. VOUS PORTEREZ TOUS VOS SOINS À L'ACHÈVEMENT DES PLATS. UN VIN D'ARBOIS OU UN MÉDOC ROUGE ACCOMPAGNERA PARFAITEMENT LES CANETTES.

DUC D'ENGHIEN

# LANGOUSTINES À LA VANILLE ET MENTHE FRAICHE

UN PEU DÉLICATE

PAS TROP LONGUE

UN PEU CHER

16 grosses langoustines
2 poireaux, 1 carotte
1 gousse de vanille
1,5 l d'huile
100 g de beurre
1 verre de vin blanc
250 ml de fumet* de langoustines
10 feuilles de menthe fraîche
2 échalotes
1 bouquet garni

Décortiquez à cru les langoustines et réservez* les queues en retirant le petit boyau noir et en les incisant sur le dessus en longueur.

Concassez* les pinces et les têtes. Préparez un fumet en les faisant revenir dans de l'huile et en y ajoutant la carotte, le vert des poireaux, les échalotes et le bouquet garni. Lorsque tout est doré, rajoutez 1,5 l d'eau, portez à ébullition sur feu vif, puis baissez et, sans couvrir, faites cuire 25 mn pour faire réduire et obtenir 250 à 300 ml de fumet.

Pendant cette cuisson, nettoyez les blancs de poireaux, partagez-les en deux, puis taillez-les en fine julienne* dans la longueur. Lavez et égouttez à l'aide de la passoire double TUPPERWARE, puis séchez. Mettez un bain de friture à chauffer.

Ciselez* les feuilles de menthe. Fendez la vanille en deux dans la longueur et enlevez les graines.

Plongez la julienne de poireaux dans l'huile à 180° en remuant les lanières avec les dents d'une fourchette pour qu'elles ne collent pas entre elles. Retirez-les lorsqu'elles sont blanches avec l'écumoire TUPPERWARE et déposez-les sur du papier absorbant. Tenez au chaud. Chauffez l'huile, à feu assez vif, dans une poêle antiadhésive et faites-y poêler les langoustines 1 à 2 mn selon leur grosseur. Lorsqu'elles sont colorées* des 2 côtés, retirez-les sur du papier absorbant et tenez au chaud. Déglacez* la poêle (après avoir jeté la graisse), avec le vin blanc et le fumet. Réduisez à 4 cuillères à soupe. Ajoutez alors la vanille et montez la sauce au fouet avec le beurre en morceaux.

Déposez les langoustines sur 4 assiettes chaudes, parsemez de menthe, versez la sauce autour et ajoutez les bouquets de poireaux frits. Servez aussitôt.

# CANETTES RÔTIES AUX NAVETS FARCIS

LONGUE

MOYENNE

UN PEU CHER

2 canettes d'1,3 kg avec leur foie
300 g de champignons de Paris ou sauvages
300 g de girolles
120 g de beurre
2 échalotes
cerfeuil, ciboulette
16 navets moyens et ronds avec fanes
250 ml de cidre brut
1 carotte, 1 oignon
2 cuillères à soupe d'huile
250 ml de bouillon de volaille
sel et poivre

Videz* et flambez les canettes (gardez les foies pour la farce, les cous et ailerons pour le jus). Salez et poivrez l'intérieur et bridez*-les.

Nettoyez les champignons, lavez, séchez et hachez-les assez fin séparément. Faites fondre 30 g de beurre dans 2 casseroles avec chacune son échalote hachée et laissez cuire sans colorer*. Ajoutez dans une casserole les champignons de Paris et dans l'autre les girolles. Laissez-les suer* leur eau en remuant de temps en temps avec la spatule étroite TUPPERWARE. Salez, poivrez, mélangez les champignons. Réservez* dans un bol modulaire 1 l TUPPERWARE.

Préparez les foies de canettes. Retirez toute trace de fiel, hachez-les au couteau et mélangez-les aux champignons avec cerfeuil et ciboulette ciselés*. Épluchez les navets en leur laissant 2 à 3 cm de tige. Coupez un «chapeau» d'1/4 de la hauteur, réservez*, creusez chaque navet avec une cuillère à pommes noisettes. Faites cuire rapidement, à l'eau bouillante jusqu' *al dente* la chair retirée, les chapeaux et les navets creusés. Rafraîchissez, égouttez et séchez. Remplissez les navets de farce et fermez avec les chapeaux.

Préchauffez le four th. 8. Beurrez un plat allant au four. Rangez les navets dedans, versez 100 ml de cidre, couvrez le plat d'un papier sulfurisé et beurré. Réservez.

Déposez les canettes dans un plat creux allant au four avec les cous et les ailerons. Arrosez d'une cuillère d'huile et faites rôtir 35 mn en arrosant et retournant régulièrement. Ajoutez, 10 mn avant la fin de la cuisson, la carotte et l'oignon coupés en petits morceaux et les boules de chair retirées des navets. Retirez les canettes cuites et mettez le plat de navets 10 mn à th. 7. Déposez les canettes sur une planche à découper, mettez le plat sur feu vif, déglacez* avec le reste de cidre, faites réduire des 2/3, puis ajoutez le bouillon, réduisez encore de 2/3, passez au chinois au-dessus d'une petite casserole et ajoutez au jus, en fouettant*, 50 g de beurre.

Fendez les canettes par la moitié. Disposez-les sur un plat chaud et rangez les navets autour. Servez la sauce à part.

# BANANES DES ÎLES CRAQUANTES

FACILE

MOYENNE

RAISONNABLE

4 belles bananes mûres
80 g de noix de coco râpée
1 citron vert
4 feuilles de brick (épiceries orientales)
50 g de beurre
2 cuillères à soupe de sucre semoule
250 ml de lait bouillant
3 jaunes d'œufs
75 g de sucre en poudre
70 g de chocolat de couverture

Préparez d'abord la crème anglaise : dans le grand bol batteur TUPPERWARE muni de sa collerette, battez les jaunes et le sucre jusqu'à ce qu'ils soient crémeux. Ajoutez le lait bouillant en battant vivement et reversez dans la casserole à lait. Remettez sur feu doux et réchauffez en tournant sans jamais laisser bouillir. Lorsque la crème nappe bien la cuillère, retirez du feu et laissez en attente.

Faites fondre le chocolat au bain-marie*, puis versez dessus la crème anglaise en mélangeant bien et laissez refroidir.

Râpez le zeste du citron vert avec la râpe du kit de cuisine TUPPERWARE. Mélangez-le à la noix de coco. Épluchez les bananes, fendez-les en deux en longueur, couvrez-les du mélange zeste-noix de coco.

Posez les 4 feuilles de brick sur un plan de travail, coupez-les en deux et badigeonnez légèrement de beurre. Sur chaque moitié, et en partant du bord, posez une demi-banane, saupoudrez*-la du mélange citron vert et noix de coco sur toute sa longueur et enveloppez-la en roulant la feuille de brick comme une cigarette.

Faites fondre, dans une grande poêle antiadhésive posée sur feu moyen, 30 g de beurre. Rangez-y les «cigarettes» de brick et de banane et faites-les colorer* en les tournant.

Présentez-les dans une assiette plate couverte de sucre semoule.

Versez la crème anglaise au chocolat dans le fond de 4 assiettes à dessert et disposez dedans 2 «cigarettes» coupées en biais en 3 morceaux, soit 6 morceaux par assiette.

Pommeau
POMMEAU
DU
PAYS D'AUGE
VICTOT-PONTFOL
DOZULE 18% vol.

# RÉGIS LECONTE

Rien de plus verdoyant que cette vallée d'Auge, de plus normand que cette auberge dans un petit village au calme et de plus bouillonnant, de plus résolument moderne que la cuisine de Régis LECONTE. Il bouscule les produits de sa région, les transpose avec malice et invention, témoin le menu qu'il nous a concocté où on retrouve tout ce qui fait le charme de la cuisine normande.

AUBERGE DU DAUPHIN

Route de Deauville - 14130 LE BREUIL-EN-AUGE
Tél. : (16) 31 65 08 11

# BARBECUE D'HUÎTRES AUX GÉSIERS D'OIES CONFITS

UN PEU LONGUE

RAPIDE

MOYEN

TROIS RECETTES À BASE DE PRODUITS RÉGIONAUX DONT LA NORMANDIE EST RICHE. LE BARBECUE D'HUÎTRES PEUT CUIRE PENDANT QUE CUIT LE CARRÉ DE VEAU ET LE DESSERT SERA PRÉPARÉ QUELQUES HEURES AVANT.

AUBERGE DU DAUPHIN

UTILISEZ DE VRAIS PRODUITS NORMANDS, BEURRE D'ISIGNY À L'INCOMPARABLE GOÛT ET CE RARE ET DÉLICIEUX POMMEAU AU PARFUM DÉLICAT ET TYPIQUE.

UN GRAVES ROUGE ACCOMPAGNERA PARFAITEMENT LE BARBECUE D'HUÎTRES.

3 douzaines d'huîtres spéciales d'Isigny
650 g de mâche
200 g de champignons (de Paris ou sauvages)
16 gésiers d'oies normandes confits
3 gousses d'ail
4 tomates moyennes
4 poignées de salade verte
60 ml de vinaigre de vin rouge
60 ml de vinaigre de Xérès
100 ml d'huile d'olive
100 ml d'huile de maïs
1 branche d'estragon
sel et poivre

Ouvrez les huîtres, retirez-les de la coquille et laissez-les s'égoutter doucement 1 h avant le repas dans le Multi-service TUPPERWARE.

Retirez en spirale la peau de chaque tomate et roulez-les pour former 4 roses. Épépinez la chair des tomates et taillez-la en dés.

Nettoyez les champignons, essuyez-les avec un linge humide, laissez les petits entiers et partagez en 4 les plus gros. Effeuillez l'estragon. Lavez et séchez la salade.

Émincez* les gésiers, mixez ou hachez finement l'ail. Préparez la vinaigrette pour la salade dans le shaker TUPPERWARE. Tout est prêt pour la cuisson. Préchauffez le barbecue 12 mn à l'avance (s'il est électrique) ou 40 mn s'il est au charbon de bois.

Commencez par chauffer les gésiers avec un peu de leur graisse dans un récipient posé sur feu doux. Assaisonnez à votre goût. Dans une cocotte, chauffez un peu d'huile d'olive et jetez-y les champignons pour les faire revenir avec un peu d'ail. Salez et poivrez. Mêlez le reste d'ail (2 gousses 1/2) à une petite cuillère d'huile de maïs. Déposez dedans les huîtres bien égouttées. Roulez la salade dans la vinaigrette, répartissez-la dans 4 assiettes, saupoudrez* l'estragon.

Tournez les huîtres dans leur huile, égouttez-les et faites-les griller rapidement. Retirez-les délicatement avec la spatule ajourée TUPPERWARE. Disposez-les en couronne autour de la salade puis rangez les émincés de gésiers, les champignons au centre. Parsemez de dés de tomates et « piquez » une rose au centre de chaque assiette. Ajoutez quelques feuilles d'estragon et servez aussitôt.

# Carré de veau de lait façon Vallée d'Auge

RAPIDE

MOYENNE

RAISONNABLE

800 g de carré de veau
1 kg d'os de veau
2 carottes
1 échalote
1 oignon
1 gousse d'ail
1 bouquet garni avec
2 branches de persil
120 g de beurre
150 ml de vin blanc
400 g de pommes reinettes du Mans
400 g de champignons de Paris
1 citron non traité
3 jaunes d'œufs
250 ml de crème fraîche
50 ml de Calvados
1 cuillère à soupe d'huile
sel et poivre

Faites fondre 50 g de beurre et la moitié d'huile dans une cocotte épaisse. Déposez-y le carré de veau entouré des os et faites colorer* sur toutes les faces.

Épluchez et coupez la garniture : carottes, échalote, oignon. Supprimez la base du pied des champignons, essuyez-les avec un linge humide, émincez*-les sur la planche de la râpe multi-usages TUPPERWARE, citronnez-les et réservez*. Ajoutez la garniture autour du veau et faites suer* à feu doux. Épluchez les pommes, coupez-les en quartiers, citronnez-les. Réservez.

Ajoutez le vin blanc et 500 ml d'eau dans la cocotte puis le bouquet garni. Couvrez et laissez cuire le carré de veau 1 h à feu doux.

En fin de cuisson, préparez la cuisson des pommes et des champignons. Mélangez le reste de beurre et d'huile, et faites chauffer dans une sauteuse. Faites revenir les pommes, assaisonnez-les. Retirez-les avec la spatule ajourée TUPPERWARE, tenez-les au chaud. A leur place, mettez les champignons émincés avec 20 g de beurre et remuez à la cuillère. Assaisonnez et laissez cuire. Réservez le veau au chaud dans la grande boîte à viande TUPPERWARE, jetez les os.

Passez le fond* au chinois au-dessus d'une casserole. Liez la sauce avec les jaunes d'œufs ajoutez la crème et le Calvados, mélangez et laissez chauffez sans jamais faire bouillir. Mettez les champignons dans la sauce et couvrez. Éteignez sous la casserole. Découpez le carré, disposez-le sur un plat chaud entouré de quartiers de pommes. Nappez* de sauce aux champignons et versez le reste de sauce dans une saucière ébouillantée. Servez aussitôt.

# Fondant de pommes reinettes

FACILE, LA VEILLE

MOYENNE

ÉCONOMIQUE

1 kg de pommes reinettes
40 g de beurre
100 g de sucre cristal
5 g de gélatine en poudre
100 ml de « Pommeau »
1 pot de crème fraîche

Pour le caramel
250 g de sucre en poudre
200 g de crème fleurette
200 ml de « Pommeau »

Chemisez* 4 ramequins individuels à soufflé avec du film alimentaire. Beurrez-les et saupoudrez* de sucre.

Épluchez les pommes, coupez-les en minces quartiers. Faites caramléliser à la poêle dans une noix de beurre bien chaud. Avec le Tamis Duo TUPPERWARE saupoudrez-les régulièrement de sucre pour favoriser la caramélisation. Rangez les pommes dorées en couches successives dans les petits moules, en ajoutant entre chaque une pincée de gélatine.

Déglacez*, au feu moyen, la poêle avec le « Pommeau ». Faites faire quelques bouillons, puis arrosez de ce jus les pommes dans les ramequins.

Préchauffez le four à th. 6. Choisissez un plat allant au four, assez grand pour contenir les 4 ramequins. Versez dedans de l'eau chaude.

Couvrez les moules d'un papier aluminium et déposez dans le bain-marie*. Enfournez 20 mn. Éteignez et laissez refroidir à température ambiante avant de mettre au réfrigérateur, sous presse, pour une nuit.

Préparez un caramel non fumant avec le sucre et 750 ml d'eau, mesurés dans le pichet gradué TUPPERWARE. Détendez*-le avec la crème et remuez bien. Ajoutez, à froid, le « Pommeau ».

Démoulez chaque ramequin sur une assiette froide. Versez la sauce caramel autour. Décorez, si vous le désirez, avec un filet de crème et une pomme en pâte d'amandes.

# CLÉMENT MAROT

C'est un restaurant très fermé au cœur de la ville où, dans un décor remis à neuf, Clément MAROT reçoit une clientèle d'hommes d'affaires qui apprécie, depuis longtemps et avec fidélité, sa carte qui se renouvelle sans cesse avec sagesse mais aussi avec audace : ses recherches sont bien mises au point et ses portions généreuses. Il travaille les beaux produits locaux et le menu qu'il nous propose témoigne de cette recherche. Claire accueille les clients avec grâce et s'occupe personnellement d'une cave petite mais très diversifiée. Ce Club mérite bien son nom et sa réputation qui ne fait que croître.

LE CLUB

16, rue de Pas - 59000 LILLE
Tél. : (16) 20 57 01 10

LE CLUB

UN MENU INFLUENCÉ PAR LA CHICORÉE, CE PRODUIT TYPIQUEMENT DU NORD QUI APPORTE À TOUS LES METS DANS LESQUELS IL ENTRE UN ARÔME DÉLICAT, UNE SAVEUR SURPRENANTE. RESPECTEZ BIEN LES PROPORTIONS, IL EN FAUT NI TROP NI TROP PEU. LE DESSERT EST LE PLAT LE PLUS LONG À RÉALISER MAIS IL EST FACILE. LE SAUMON SE FAIT À L'AVANCE. JE CONSEILLE POUR ACCOMPAGNER LE SAUMON DE LA VODKA, ET AVEC LE SAUTÉ DE LAPEREAU, UN CHÂTEAUNEUF-DU-PAPE BLANC.

# SAUMON AUX FINES HERBES DU JARDIN ET À LA CHICORÉE

FACILE

PAS DE CUISSON

RAISONNABLE

1 gros filet de saumon d'environ 1 kg
250 ml de chicorée liquide
100 g de sel fin
10 g de poivre en grains
20 baies de genièvre
herbes du jardin

La préparation se fait 3 jours à l'avance. Au fond du grand bac à pocher TUPPERWARE, versez la chicorée liquide, posez le filet dessus (à défaut d'un gros filet, prenez 2 plus petits) et répandez dessus le sel fin.

Concassez ensemble poivre et genièvre. Assaisonnez-en le saumon et laissez mariner* dans cette saumure une journée au réfrigérateur.

Puis égouttez et essuyez le filet de saumon. Jetez la saumure, lavez et essuyez le plat et reposez dedans le saumon. Recouvrez-le en abondance de toutes sortes d'herbes du jardin ciselées* : ciboulette, persil, cerfeuil, estragon, etc., selon la saison et votre goût.

Laissez reposer 48 h dans le haut du réfrigérateur.

Pour obtenir un saumon plus moelleux, enveloppez-le dans un film alimentaire. Si vous désirez un saumon plus sec et plus ferme laissez-le sécher, sans film, dans le haut du réfrigérateur.

Au moment de servir, découpez de fines tranches en biseau et offrez des toasts juste grillés.

# Sauté de lapereau

ASSEZ FACILE

PAS TROP LONGUE

RAISONNABLE

2 jeunes lapins
1 cuillère à café de beurre
1 cuillère à soupe d'huile
1 carotte moyenne
2 oignons
250 g de champignons
1 petite feuille de laurier
1 brin de thym
170 ml de vin blanc sec
8 cuillères à soupe de chicorée liquide
1/2 citron non traité
100 ml de crème liquide
2 jaunes d'œufs
sel et poivre du moulin, farine

Coupez les lapins en morceaux en les détachant aux jointures. Farinez-les très légèrement. Chauffez dans une cocotte en fonte le beurre et l'huile. Rangez-y les morceaux de lapins et faites, à feu assez doux, dorer de chaque côté.

Épluchez la carotte et les oignons. Tronçonnez la première et hachez les seconds. Ajoutez-les dans la cocotte. Préchauffez le four à th. 6

Nettoyez les champignons, supprimez la base du pied terreux, lavez-les sans les faire tremper dans la passoire modulaire TUPPERWARE et séchez. Coupez les plus gros en 2 ou en 4. Versez tous les champignons dans la cocotte avec le thym et le laurier, sel et poivre. Laissez dorer en remuant. Lorsque tout est doré, ajoutez le vin blanc et la chicorée. Mettez au four pour 45 mn en baissant le thermostat à 5 après 10 mn. Lorsque la viande est bien tendre, préparez des assiettes et un plat creux de service et réchauffez-les au four vide et éteint. Retirez les morceaux avec la louche et l'écumoire TUPPERWARE et déposez-les sans sauce dans le plat. Tenez au chaud. Avant de servir, liez la sauce en lui ajoutant le jus d'1/2 citron, mélangez bien.

Laissez faire un bouillon sur feu moyen après avoir prélevé une louche de sauce que vous versez dans un bol. Dans un autre bol mélangez les jaunes d'œufs avec la crème, puis avec la sauce prélevée. Versez dans la cocotte en remuant après avoir baissé le feu au maximum. Tournez quelques tours pour faire épaissir sans bouillir.

Éteignez, tournez encore la sauce puis versez-la sur les morceaux de lapin que vous accompagnez de petites pommes vapeur.

# Crêpes soufflées

FACILE

MOYENNE

ÉCONOMIQUE

Pour 8 crêpes
210 g de farine tamisée
9 œufs
850 ml de lait bouilli
3 cuillères à soupe d'huile d'arachide
4 cuillères à soupe de chicorée liquide
100 g de cassonade*

Préparez à l'avance la pâte à crêpes : la farine (160 g) avec l'huile, 3 œufs, en délayant* avec 350 ml de lait tiède, puis en ajoutant la chicorée (1 cuillère à soupe).

Laissez reposer la pâte à température ambiante pendant la préparation de la crème à soufflé.

Chauffez le reste de lait. Battez 4 jaunes d'œufs avec le sucre, le reste de farine (50 g) et le reste de chicorée liquide. Versez le tout dans le lait chaud, tout en fouettant*.

Remettez sur feu doux et faites cuire en mélangeant régulièrement. Éteignez et réservez*. Lorsque la crème est tiède, incorporez les 2 derniers jaunes d'œufs en mélangeant bien.

Montez en neige ferme, dans le petit bol batteur TUPPERWARE, 3 blancs d'œufs que vous incorporez avec précaution à la crème tiède.

Faites cuire 8 crêpes et gardez-les au chaud. Préchauffez le four à th. 8. Sortez un plat, pas trop profond, allant au four.

Pliez chaque crêpe en 4 pour former un cornet que vous remplissez de crème à soufflé. Saupoudrez* de cassonade et passez 10 mn au four très chaud. Servez aussitôt.

# José Martinez - José Lampreia

La Maison Blanche a déménagé, s'est vêtue de velours et de granit gris, de bois sombres et précieux, et s'appelle aujourd'hui « Le 15, Montaigne » ; elle s'est ouverte sur la Seine et sa poésie. La cuisine d'un des plus beaux restaurants de la capitale est toujours au zénith, inspirée par les recherches et les trouvailles de José LAMPREIA et de José MARTINEZ. Une troisième tête dirigeante pour ce lieu de rêve : René DURAND, magistral directeur qui veille à tout, voit tout, sait comme personne vous accueillir avec charme et vous conseiller. Le menu proposé par José est parfumé, coloré et inédit, fidèle en cela et représentatif de ce qui a fait le triomphe de José LAMPREIA.

LE 15 MONTAIGNE

15, avenue Montaigne - 75008 PARIS
Tél. : (1) 47 23 55 99

**LE 15 MONTAIGNE**

UN MENU POUR UN BEAU SOIR D'ÉTÉ : LA SOUPE GLACÉE EST UNE ENTRÉE EXQUISE, SES COULEURS METTENT EN APPÉTIT. LA TAGINE EST CONVIVIALE ET SANS DIFFICULTÉ. LE DESSERT « NOIR ET IVOIRE » EST AUSSI ÉTONNANT QUE DÉLICIEUX. FÊTE DES COULEURS ET DES PARFUMS POUR UN REPAS « QUI PARLE » DE VACANCES.
JE CONSEILLE UN POUILLY FUMÉ 89 CLOS DE CHAILLOUX POUR LA CRÈME GLACÉE, CHÂTEAU DE BEAUCASTEL POUR LE CABILLAUD ET POUR LES CRÊPES UN BANYULS HORS D'ÂGE, DOMAINE DU MAS BLANC.

# CRÈME GLACÉE DE TOMATES

FACILE

TRÈS RAPIDE

RAISONNABLE

1 kg de tomates bien mûres
100 g de concombre
1 gousse d'ail
1/2 poivron rouge
4 grosses langoustines
200 ml d'huile d'olive
100 ml de vinaigre de Xérès
1/2 botte de basilic
1/2 botte de ciboulette
20 g de sel de Guérande
poivre noir du moulin
paprika

Coupez les poivrons en deux, dans le sens de la longueur et faites-les griller au four pour pouvoir facilement les peler. Retirez les graines et les filaments blancs, puis taillez la chair en très petits dés. Pelez les morceaux de concombre, coupez la pulpe en petits dés après avoir retiré les graines du centre.

Plongez les tomates 10 secondes dans de l'eau bouillante pour pouvoir facilement les couper en quatre. Épépinez-les et passez-les au mixer avec l'ail épluché et écrasé, l'huile (150 ml), le vinaigre, le sel de Guérande, du poivre moulu et une pincée de paprika. Lorsque la préparation est bien lisse et homogène, versez-la dans une coupe glacée que vous mettez au réfrigérateur avec des bols ou des assiettes.

Lavez et effeuillez le basilic, ciselez*-le ainsi que la ciboulette. Réservez*.

Décortiquez les langoustines (conservez dans une boîte congélation 400 ml TUPPERWARE pattes et têtes pour préparer ultérieurement un coulis, une bisque ou un fumet*). Chauffez, dans une poêle antiadhésive 1 cuillère à soupe rase d'huile d'olive. Lorsqu'elle est très chaude, saisissez-y les langoustines 30 secondes puis mettez à feu moyen. Comptez encore 30 secondes avant de les saler légèrement, de les retourner et de les cuire à peine 1 mn de l'autre côté. Éteignez, laissez dans la poêle chaude, salez et poivrez. Sortez les assiettes ou les bols, la soupière (ou la coupe). Parsemez la soupe de dés de poivrons et de concombre, ajoutez 4 glaçons pilés, mélangez et saupoudrez* de ciboulette et de basilic. Déposez les langoustines dans chaque assiette et servez aussitôt.

# CABILLAUD EN TAGINE

FACILE

PAS TROP LONGUE

RAISONNABLE

600 g de cabillaud
3 oignons moyens
1 citron confit
1 pincée de safran
10 g de curry
1/2 botte de coriandre
200 ml d'huile d'olive
400 ml de fumet* de poissons
100 g d'olives « éclatées »
sel et poivre du moulin

Hachez menu les oignons. Faites-les cuire à feu doux dans un faitout avec l'huile d'olive jusqu'à ce qu'ils soient tendres. Ajoutez la coriandre que vous avez préalablement ciselée* dans un mini-gobelet TUPPERWARE et le safran. Mélangez, puis mouillez* avec le fumet. Parfumez avec le curry.

Laissez cuire à feu doux et réduire un peu pendant 15 mn environ.

Dénoyautez les olives, réservez*.

Levez les deux filets de cabillaud. Supprimez avec soin la pellicule, coupez chaque filet en 4 cubes que vous déposez dans la sauce avec le citron partagé en quartiers. Faites cuire en tournant les morceaux 1 mn et ajoutez les olives « éclatées » pour les 5 dernières mn de cuisson.

Servez brûlant dans des assiettes chauffées avec, en accompagnement, un riz nature ou des pâtes fraîches.

# CRÊPES NOIRES

FACILE

RAPIDE

MOYEN

Pour les crêpes
1 jaune d'œuf
30 g de farine
15 g de beurre
5 g de cacao non sucré en poudre
10 g de sucre en poudre
50 ml de lait bouilli froid

Pour la mousse
80 g de chocolat noir
4 blancs d'œufs
10 g de sucre en poudre

Pour la sauce au chocolat
25 g de cacao en poudre
50 ml de sirop de canne
40 g de chocolat noir
20 g de crème fleurette
300 ml de glace à la pistache (toute faite)

Préparez la pâte à crêpes dans le shaker TUPPERWARE. Mélangez la farine, le lait, le beurre (fondu au bain-marie*), le sucre et le cacao. Laissez reposer jusqu'au moment de faire les crêpes. Faites la mousse en faisant fondre au bain-marie le chocolat avec le sucre. Travaillez bien à la cuillère pour amalgamer. Montez les blancs en neige bien ferme dans le bol batteur 1,5 l TUPPERWARE, puis mélangez-les au chocolat. Laissez refroidir à température ambiante avant de mettre au frais. Chauffez doucement le sirop pour y faire fondre le chocolat (très) noir de la sauce. Ajoutez-y, en tournant, le cacao, puis la crème fleurette pour obtenir une « sauce » onctueuse et assez liquide que vous réservez*.

Faites cuire 4 crêpes dans un peu de beurre avec la préparation reposée. Laissez tiédir.

Pliez-les en 2 sur chaque assiette à dessert froide, fourrez-les d'une cuillère de mousse au chocolat. Versez la sauce au chocolat dans le fond de l'assiette, déposez une cuillère de glace à la pistache et servez sans attendre.

# JEAN-CLAUDE OLIVIER

Jean-Claude OLIVIER, chef de cuisine, propose, dans une ambiance élégante et feutrée, une cuisine toute en nuances, légère et équilibrée. La petite loggia permet de discrets déjeuners d'affaires ou favorise les dîners d'amoureux. Les gourmands se régaleront de ravioles de coquillages, de poissons bien préparés avec de courtes sauces. Belles viandes et grand choix de desserts sympathiques.

LE DIAPASON

30, rue des Bernardins - 75005 PARIS
Tél. : (1) 43 54 21 13

# TERRINE DE TROIS LÉGUMES

FACILE

UN PEU LONGUE

ÉCONOMIQUE

1 kg de jeunes carottes
500 g d'épinards tendres
1 petit chou-fleur
3 œufs
2 feuilles de gélatine (4 g)
300 ml de crème fraîche épaisse
sel et poivre du moulin

Épluchez les légumes, coupez les carottes en rondelles, fractionnez le chou-fleur en petits bouquets, retirez les nervures des feuilles d'épinards. Lavez et égouttez dans la passoire double TUPPERWARE.

Mettez les feuilles de gélatine à ramollir dans de l'eau fraîche. Versez la crème dans une petite casserole.

Faites chauffer à feu vif de l'eau dans la partie basse d'un cuit-vapeur. Cuisez d'abord 10 mn les bouquets de chou-fleur mis dans le panier perforé. Retirez dans une passoire et posez le couvercle pour garder chaud. Faites cuire ensuite 12 mn les carottes. Retirez au chaud, puis cuisez enfin 3 mn les épinards. Tous ces légumes doivent s'égoutter et être tenus au chaud.

Posez la casserole sur feu doux pour chauffer la crème. Égouttez la gélatine, déposez-la dans la crème, remuez pour qu'elle fonde et s'incorpore totalement. Éteignez. Cassez les œufs un à un dans un pichet gradué 1 l TUPPERWARE en réservant chaque fois le blanc dans un gobelet. Salez et poivrez les jaunes et versez la crème juste chaude dessus tout en fouettant. Réservez.

Mixez tour à tour le chou-fleur, les carottes, les épinards. Versez 1/3 des œufs à la crème sur le chou-fleur, 1/3 sur les carottes, 1/3 sur les épinards et travaillez à la cuillère pour bien incorporer.

Disposez, dans le fond d'un grand moule couronne TUPPERWARE, tour à tour la mousse de chou-fleur, la mousse de carottes et la mousse d'épinards en tassant bien.

Posez le couvercle et mettez au frais au moins 2 h, ou, mieux, toute une nuit.

Démoulez sur un plat de service. Vous couperez la terrine en tranches et la servirez avec une vinaigrette tomatée.

LE DIAPASON

JE CONSEILLE, POUR ACCOMPAGNER LE POISSON, UN POUILLY FUMÉ ET POUR LE DESSERT, UN MUSCAT DE BEAUMES-DE-VENISE.

CETTE TERRINE AUX COULEURS RAVISSANTES PEUT SE PRÉPARER UN JOUR À L'AVANCE ET SE CONSERVER AU FROID. VOUS POUVEZ AUSSI LA RÉALISER VERSION CUITE EN SUPPRIMANT LA GÉLATINE ALIMENTAIRE ET EN UTILISANT UN MOULE À CAKE OU À SAVARIN MÉTALLIQUE, GÉNÉREUSEMENT BEURRÉ.

COMPTEZ 30 MN AU BAIN-MARIE À TH. 6. SERVEZ TIÈDE AVEC LA MÊME VINAIGRETTE. (POUR LES BESOINS DE LA PHOTO, NOUS AVONS INVERSÉ LES COULEURS DE LA TERRINE).

# GOUJONNETTES DE SOLES À LA FOURME D'AMBERT

UN PEU DÉLICATE

PAS TROP LONGUE

ASSEZ CHER

2 soles à filets de 800 g chacune
100 g de fourme d'Ambert
250 ml de crème fraîche
50 g de beurre
sel et poivre du moulin

Faites lever les filets par votre poissonnier et taillez-les en goujonnettes (coupez en biais chaque filet de façon à obtenir 3 ou 4 lanières par filet). Roulez avec les doigts chaque lanière en les « vissant » légèrement.

Salez et poivrez puis faites cuire 5 mn à la vapeur.

Pendant cette cuisson, préchauffez le four à th. 8. Fractionnez le fromage dans un bol. Ajoutez la crème, le beurre et le poivre, faites fondre dans un bain-marie* d'eau bouillante hors du feu tout en mélangeant avec un racloir TUPPERWARE.

Déposez les goujonnettes, séchées avec du papier absorbant, dans un plat de service chaud. Versez le mélange fondu sur les goujonnettes et passez 4 mn au four très chaud.

Servez aussitôt avec, de préférence, des pâtes fraîches maison, pochées dans le Multi-service TUPPERWARE.

# PAIN AUX CERISES

FACILE

RAPIDE

ÉCONOMIQUE

500 g de cerises mûres
145 g de sucre en poudre
3 œufs entiers
125 g de farine tamisée
100 g de beurre mou

Beurrez (20 g) un moule à cake. Dénoyautez les cerises et réservez*-les dans un bol modulaire 3 l TUPPERWARE. Préchauffez le four à th. 5/6.

Dans le grand bol mélangeur TUPPERWARE, versez le sucre et cassez les œufs un par un tout en fouettant pour obtenir une masse homogène et mousseuse. Saupoudrez* la farine à l'aide du Tamis Duo TUPPERWARE et travaillez à la cuillère pour bien amalgamer.

Faites fondre le beurre au bain-marie* dans un petit bol, versez-le sur la pâte et mélangez avec soin. Ajoutez alors les cerises en remuant avec délicatesse.

Versez dans le moule et enfournez pour 20 mn.

Laissez tiédir avant de démouler.

Servez tiède.

# Charles Reynal

Charlou, pour les amis et les admirateurs, est un poète et un conteur-né. Petit-fils d'une fameuse cuisinière, Charles Reynal tient toujours plus haut la renommée de la maison familiale. Formé dans les meilleures maisons parisiennes, il sait dédoubler sa carte où cohabitent grands classiques du terroir allégés, recreés, et innovations époustouflantes dans lesquelles une touche d'exotisme sait se glisser.
Régine, sa femme, vous accueillera avec chaleur et saura vous guider dans le choix d'une des plus belles cartes de France des Bordeaux qu'elle a contribué à établir.

LA CRÉMAILLÈRE

53, avenue de Paris - 19100 BRIVE-LA-GAILLARDE
Tél. : (16) 55 74 32 47

LA CRÉMAILLÈRE

La Corrèze donne ici les « tons » du repas : foie gras et pommes (à faire sans difficulté, à l'avance), bœuf longuement braisé qui se déguste chaud ou froid. Les truffettes se conservent très bien au frais. Encore un repas sans précipitation. Je conseille avec le marbré un Pouilly Fumé, « Baron L » de la Doucette, ensuite avec le bœuf un Château Saint-Estèphe de François Arnaud.

# MARBRÉ DE FOIE GRAS POUR LAETITIA

FACILE

RAPIDE

RAISONNABLE

900 g de pommes Sainte-Germaine ou Grany
250 g de foie gras d'oie ou de canard mi-cuit
100 ml de Sauternes
3 feuilles de gélatine alimentaire
8 g de sel fin
5 g de poivre concassé

Émincez* les pommes épluchées et épépinées.

Chauffez le beurre dans une poêle antiadhésive et faites flétrir * les pommes, à feu doux, pendant 10 mn. Retournez-les avec la spatule pour éviter de les faire trop colorer d'un seul côté.

Ramollissez la gélatine à l'eau fraîche.

Chauffez le Sauternes dans une petite casserole avec sel et poivre. Ajoutez hors du feu la gélatine égouttée et laissez dissoudre, puis refroidir. Sortez le foie gras (mis 30 mn au congélateur pour faciliter la coupe) et coupez-le en fins copeaux. Versez dans le fond d'une boîte de congélation 1,4 l TUPPERWARE une couche de Sauternes à la gélatine bien froide, mais pas encore prise. Mettez la boîte au freezer pour accélérer la prise en gelée. Puis ressortez-la et rangez en couches successives copeaux de foie gras et tranches de pommes, jusqu'à épuisement des ingrédients en versant de temps en temps un peu de gelée au Sauternes sur les couches. Terminez par une couche de pommes. Tassez le marbré avec le racloir TUPPERWARE et entreposez au réfrigérateur pour une nuit.

Servez, coupé en tranches, avec une vinaigrette ou une salade.

# BŒUF MODE CHAUD ET FROID

FACILE

LONGUE

MOYEN

2 pieds de veau désossés
1,2 kg de jarret de bœuf désossé
3 tomates moyennes
2 gousses d'ail débarrassées de leur germe
100 g de petits pois extra-fins surgelés ou frais écrasés
600 g de carottes
2 oignons moyens
1 bouquet garni
1 clou de girofle
400 ml de vin blanc sec
50 g de saindoux ou de graisse d'oie
sel, poivre
1 pincée de farine

Dans un faitout, recouvrir les pieds de veau d'eau froide. Portez à ébullition, écumez*, laissez cuire 20 mn à feu doux, puis rafraîchissez et égouttez. Désossez les pieds de veau, coupez leur chair en cubes de 1 cm de côté, réservez*-la. Coupez le jarret de bœuf en cubes de 2 cm de côté.

Dans une cocotte, chauffez le saindoux et lorsqu'il « chante » versez le bœuf et faites-le revenir à feu vif. Ajoutez les oignons épluchés et émincés* en tranches fines, saupoudrez* de farine, laissez cuire 1 mn en remuant. Ajoutez les carottes coupées en rondelles, les tomates épépinées puis concassées*, le bouquet garni, le clou de girofle, le vin blanc, l'ail pelé, les dés de pied de veau. Si besoin, finissez de mouiller* à hauteur avec un peu d'eau. Salez, poivrez et couvrez. Laissez cuire à feu doux 1 h 30.

Ajoutez alors les petits pois. Recouvrez pour laisser mijoter 30 mn supplémentaires, sortez du feu. Dégraissez, rectifiez l'assaisonnement.

Vous pourrez servir le bœuf mode chaud ou froid. Si vous le servez froid, vous pouvez le faire prendre en gelée dans le bol modulaire 3 l TUPPERWARE et le présenter avec de la salade.

# TRUFFETTES AUX MARRONS

FACILE

RAPIDE

RAISONNABLE

100 g de beurre ramolli
200 g de chocolat noir
30 ml de Suprême de noix (*)
30 g de cacao amer en poudre
1 boîte de crème de marrons (500 g)

Versez la crème de marrons dans le petit bol batteur TUPPERWARE et faites-la chauffer au bain-marie*, hors du feu.

Cassez le chocolat en petits morceaux, fractionnez le beurre.

Dans le bol du mixer, mettez les morceaux de chocolat, le beurre, le Suprême de noix, la crème de marrons bien chaude. Broyez le tout pendant 1 mn environ pour obtenir une pâte lisse et homogène que vous réservez au moins 4 h au réfrigérateur pour raffermir.

Versez le cacao dans un ravier modulaire 0,6 l TUPPERWARE. Sortez la pâte du réfrigérateur.

Prélevez avec une cuillère à café une petite part de pâte que vous roulez rapidement dans le creux de la paume avant de la déposer dans le cacao et ainsi de suite jusqu'à épuisement de la pâte.

Fermez le récipient et, doucement, faites rouler les boulettes dans le cacao. Servez en dessert avec le café ou une liqueur.

Ces truffes se conserveront 8 jours au réfrigérateur dans la boîte Signature n° 1 TUPPERWARE.

(*) Le Suprême de noix est une liqueur très appréciée dans le Limousin et que l'on trouve en épiceries fines.

# GÉRARD ROYANT

On vient tout spécialement dans cette banlieue pour la cuisine à la fois sage et originale de Gérard ROYANT qui conseille lui-même les clients fidèles à cette petite maison coquette, au décor cossu et chaleureux, aux nappes raffinées. La carte propose un large choix de plats souvent originaux où les herbes et les épices traitées avec subtilité, les légumes déclinés dans des cuissons retenues, des sauces légères, de beaux poissons et des viandes goûteuses font la réputation de ce jeune chef, considéré par les gourmands qui connaissent sa cuisine comme le meilleur restaurateur de la région. Belle carte des vins équilibrée et à prix très sages.

LES MAGNOLIAS

48, avenue de Bry - 94170 LE PERREUX-SUR-MARNE
Tél. : (1) 48 72 47 43

LES MAGNOLIAS

SUIVEZ BIEN LE DÉROULEMENT DU TRAVAIL POUR CES RECETTES COMPLEXES, UN PEU DÉLICATES À FAIRE, MAIS INRATABLES. CE REPAS, UN RIEN SOPHISTIQUÉ, ÉTONNERA VOS CONVIVES. IL FAUDRA, POUR CERTAINS INGRÉDIENTS, LES COMMANDER À L'AVANCE (AMOURETTES, RIS DE VEAU) OU LES ACHETER HORS SAISON EN ÉPICERIE DE LUXE (FIGUES FRAÎCHES, CHANTERELLES).
UN GRAVES ROUGE ACCOMPAGNERAIT PARFAITEMENT BIEN L'ENTRÉE ET LE PLAT.

# GÂTEAU D'AMOURETTES

FACILE

MOYENNE

RAISONNABLE

400 g d'amourettes
(abats* vendus chez
le tripier)
2 blancs et 1 jaune d'œuf
100 g de crème fraîche
1 pincée de noix
de muscade râpée
300 g d'échalotes
50 g de champignons
de Paris
100 g de beurre
1 bouquet garni
1 cube de bouillon
de bœuf
20 g de sucre en poudre
1/2 l de vin rouge
de la vallée du Rhône
300 g de chanterelles
sel, poivre noir
du moulin
5 grains de poivre

Mixez les amourettes et versez-les dans un saladier que vous posez sur un lit de glace. Préchauffez le four à th. 5.

Séparez les blancs des jaunes à l'aide du séparateur à œufs TUPPERWARE. Dans le bol batteur 1,5 l TUPPERWARE, fouettez* la « crème » obtenue avec les amourettes en y incorporant les blancs d'œufs, puis la crème et fouettez jusqu'à épaississement.

Ajoutez le jaune d'œuf, le sel, le poivre, la muscade râpée. Beurrez 4 petits moules (ramequins ou pots à crème) et remplissez-les du mélange. Déposez dans un bain-marie* et enfournez 30 mn. Hachez fin les échalotes et émincez* les champignons de Paris. Faites suer* ensemble dans 30 g de beurre. Ajoutez le bouquet garni (persil, thym, laurier), sucre, poivre en grains, bouillon-cube, vin rouge. Laissez réduire 15 mn à feu doux. Nettoyez, pendant ce temps, les chanterelles et poêlez-les dans une noix de beurre. Assaisonnez.

Passez au chinois la sauce réduite. Incorporez le reste de beurre à l'aide d'un fouet. Goûtez et rectifiez l'assaisonnement.

Démoulez, sur chaque assiette chaude, un petit ramequin sur une poignée de chanterelles. Arrosez de sauce et servez aussitôt.

# RIS DE VEAU AUX GRAINES DE SÉSAME ET CURRY

DÉLICATE

RAPIDE

CHER

800 g de ris de veau bien blancs
1 œuf
100 g de graines de sésame
90 g de beurre
250 ml de crème fraîche
30 g de curry
1 botte de ciboulette
farine, sel, poivre du moulin

Faites dégorger* les ris à l'eau froide 30 mn. Blanchissez-les 1 mn dans de l'eau bouillante salée, puis égouttez-les dans la passoire double TUPPERWARE et passez-les sous l'eau froide. Retirez les peaux et les parties graisseuses. Escalopez-les en 4. Mettez de la farine dans une assiette creuse et passez-y les 4 escalopes, puis secouez-les pour en éliminer l'excès. Battez l'œuf dans une autre assiette et versez les graines de sésame dans une autre. Trempez chaque escalope dans l'œuf, puis dans le sésame. Salez et poivrez. Chauffez, à feu doux, 40 g de beurre dans une grande poêle jusqu'à ce qu'il devienne couleur noisette. Déposez dedans les escalopes et faites-les blondir* de chaque côté. Pendant ce temps, mélangez, dans un petit bol réfrigérateur 400 ml TUPPERWARE, la crème avec le curry, un peu de sel et de poivre. Ciselez* la ciboulette.

Versez le mélange dans une petite casserole et, en tournant à feu moyen, faites réduire d'1/3. Retirez du feu, incorporez au fouet 50 g de beurre. Ajoutez les 2/3 de la ciboulette et mélangez.

Déposez les escalopes de ris de veau sur du papier absorbant puis sur un plat chauffé. Saupoudrez* du reste de ciboulette. Servez aussitôt sur des assiettes brûlantes avec la sauce en saucière ébouillantée.

# FIGUES FRAÎCHES AUX AMANDES EN AUMÔNIÈRE

FACILE

RAPIDE

RAISONNABLE

8 figues bien mûres
100 g de poudre d'amandes
8 feuilles de brick (épiceries orientales)
1 œuf entier
10 g de farine
50 g de sucre en poudre
25 g de beurre
50 ml de kirsch
300 ml de coulis de fruits rouges ou quelques fruits rouges de saison

Dans le bol batteur 1,5 l TUPPERWARE, préparez le sucre avec le beurre, la poudre d'amandes et l'œuf battu légèrement. Terminez avec la farine. Ajoutez le kirsch, mélangez.

Coupez le « chapeau » de chaque figue, comme vous le feriez pour une tomate.

A l'aide d'une petite cuillère, retirez la pulpe en vous arrêtant à 1/2 cm de la peau pour ne pas la percer.

Écrasez cette pulpe à la fourchette et mélangez-la à la crème d'amandes.

Farcissez-en les figues et reposez le chapeau. Préchauffez le four à th. 6.

Étalez une feuille de brick, posez la figue farcie au centre et refermez avec une ficelle ou une attache métallique et ainsi de suite pour les 7 autres figues.

Déposez sur une plaque à pâtisserie légèrement huilée ou beurrée et enfournez 8 à 10 mn environ.

Servez chaud avec un coulis de fruits rouges que vous trouverez tout fait dans le commerce ou que vous ferez vous-même en mixant des fruits rouges de saison avec quelques gouttes de citron et un peu de sucre en poudre.

# Reine Sammut

C'est la Provence dans votre assiette avec, emprisonnées dans des préparations très personnelles, toutes les senteurs et les couleurs de cette région ensoleillée. Casquette crânement posée sur la tête, Reine SAMMUT a fait un décollage en flèche parmi les grands restaurateurs de la région. Dans ce village aux rues en pentes et où dort Albert Camus, la belle grange, dans un nouveau décor très élégant et lumineux, ouvre la nuit son vélum sur le ciel étoilé et attire tous les gourmands amoureux d'une cuisine à la fois traditionnelle et créative. Les copains-artisans lui apportent leurs meilleures productions et Guy, son mari, souriant et attentif à tout, sait dénicher chez les vignerons d'alentour les vins les plus intéressants.



LA FENIÈRE

9, rue du Grand Pré - 84160 LOURMARIN
Tél. : (16) 90 68 11 79

LA FENIÈRE

LE BANON EST UN PETIT FROMAGE ROND AU LAIT DE BREBIS OU DE VACHE. À DÉFAUT, CHOISIR DES CABÉCOUS DU ROUERGUE QUI SONT PLUS PETITS. EN TENIR COMPTE POUR LE PAILLASSON ET PRÉVOIR 3 PETITS FROMAGES PAR GOURMAND. À DÉGUSTER AVEC UN ROSÉ DE PROVENCE.

AVEC LE POT-AU-FEU D'AGNEAU UN CÔTES-DU-RHÔNE ROUGE EST RECOMMANDÉ !

# PAILLASSONS DE BANON À LA SARRIETTE

FACILE

RAPIDE

RAISONNABLE

4 Banons frais
1 cuillère à soupe d'huile d'olive
4 branches de sarriette
300 g de pissenlit
4 cuillères à soupe de vinaigrette
4 pommes de terre moyennes
2 cuillères à soupe d'huile d'arachide
sel et poivre du moulin

Retirez les feuilles de châtaigner qui recouvrent les Banons.

Badigeonnez chaque fromage d'huile d'olive (une cuillère à soupe en tout). Salez, poivrez, saupoudrez* de sarriette effeuillée. Réservez*.

Nettoyez la salade, préparez la vinaigrette dans le shaker TUPPERWARE en mélangeant sel, poivre et 1 cuillère de vinaigre de vin, puis en émulsionnant le tout avec 2 bonnes cuillères d'huile d'olive.

Épluchez, lavez les pommes de terre. Taillez-les en fine julienne*.

Rincez à l'eau froide et laissez bien égoutter dans la passoire à manche TUPPERWARE. Séchez dans du papier absorbant.

Chauffez un peu d'huile d'arachide dans une poêle antiadhésive et déposez 4 à 8 petits tas (selon la grandeur de votre poêle) que vous aplatissez avec le dos de la spatule TUPPERWARE à un diamètre légèrement supérieur à celui des Banons.

Faites bien dorer sur les deux faces et cuire à cœur. Pendant ce temps, allumez le gril du four et passez dessous les Banons juste quelques minutes pour les chauffer et les faire fondre un peu en surface. Lorsque les paillassons de pomme de terre sont cuits et dorés, prélevez-les avec la spatule et posez-les sur du papier absorbant.

Mélangez pissenlits et vinaigrette. Recouvrez le fond de quatre assiettes avec la salade. Déposez dessus un paillasson, sur celui-ci un Banon grillé et recouvrez d'un second paillasson.

Servez aussitôt.

# POT-AU-FEU D'AGNEAU PROVENÇAL

FACILE

LONGUE

MOYEN

1 petite épaule d'agneau désossée
l'os retiré et un os à moelle
4 navets
4 carottes
4 poireaux
1 tomate
1 petite branche de céleri
1 oignon piqué d'un clou de girofle
2 gousses d'ail
1 petite feuille de laurier frais
thym, persil, gros sel, poivre noir en grains
herbes diverses
croûtons de pain

Mettez, dans une grande cocotte, l'épaule, son os et l'os à moelle. Salez et ajoutez 5 l d'eau froide. Couvrez.

Faites cuire à feu doux environ 2 h, puis ajoutez le poivre, les aromates (ail, laurier, thym, persil, céleri, oignon piqué d'un clou de girofle) et les légumes épluchés et laissés entiers comme pour un pot-au-feu. La tomate sera coupée en 2 et épépinée.

Retirez l'os à moelle, tenez-le au chaud dans le Multi-service TUPPERWARE avec un peu de bouillon, puis couvrez la cocotte aux 3/4 et laissez bouillir 25 mn.

Faites griller des croûtons que vous servirez tartinés de moelle chaude.

Offrez, avec la viande et les légumes, une sauce verte faite en jetant dans une réduction d'échalotes hachées, de vin blanc, d'ail et d'huile d'olive, une poignée d'herbes fraîches ciselées*.

Salez, poivrez et, lorsqu'il y a ébullition, arrêtez le feu. Couvrez, laissez infuser.

# BABA AU KIRSCH ET COMPOTE DE CERISES

DÉLICATE

MOYENNE

RAISONNABLE EN SAISON

200 g de cerises dénoyautées
100 ml de Château la Verrerie rouge (Côtes-du-Lubéron)
80 g de sucre en poudre
70 g de beurre
125 g de farine tamisée
1 pincée de sel
2 œufs
1/2 sachet de levure chimique
100 ml de sirop de canne à sucre
3 cuillères à soupe de kirsch

Faites cuire les cerises dans le vin avec 80 g de sucre. Après 10 mn d'ébullition, éteignez et laissez refroidir dans le liquide.

Beurrez (20 g) 4 petits moules à baba. Réservez*.

Faites fondre 50 g de beurre au bain-marie*.

Préparez la pâte à baba : mélangez à la spatule étroite TUPPERWARE, dans le petit bol batteur TUPPERWARE, la farine, la levure et une pincée de sel. Ajoutez les œufs, travaillez bien pour obtenir une pâte homogène, puis versez le beurre. Mélangez jusqu'à parfaite homogénéisation.

Préchauffez le four à th. 6/7.

Répartissez la pâte dans les petits moules et enfournez pour 10 à 15 mn et jusqu'à légère coloration en surface (vérifiez la cuisson avec la pointe d'un petit couteau).

Démoulez les babas lorsque vous les jugez cuits et disposez-les sur une grille à pâtisserie posée sur une assiette plate.

Mélangez le sirop de canne à sucre, le kirsch et 200 ml d'eau. Arrosez les babas. Recueillez le sirop tombé dans l'assiette et arrosez-en les babas à nouveau jusqu'à ce qu'ils aient tout absorbé.

Après avoir déposé une boule de glace dans le creux de chaque baba refroidi, rangez-les sur un plat et servez-les avec la compote de cerises.

# Pascal Tingaud

Succéder, dans la maison familiale, à un grand-père qui était une haute figure de la profession, n'est pas une tâche facile. Pascal TINGAUD, élève de Pic et de Troisgros, a repris avec talent et maîtrise une carte riche en grands plats, superbes dans leur classicisme. Il a su et a osé les dépoussiérer, les alléger, bref, les recréer sans les défigurer, élargissant la gamme des propositions avec une sagesse teintée de malice. Les desserts sont irrésistibles et la carte des vins un monument.
Cette élégante maison dont la réputation ne cesse de s'affirmer depuis plus de trois générations est devenue aujourd'hui un Relais et Châteaux.

AUBERGE DE CONDÉ

1, avenue de Montmirail
77260 LA FERTÉ-SOUS-JOUARRE
Tél. : (16) 60 22 00 07

# TARTARE DE THON AUX ŒUFS DE CAILLE

FACILE

PAS DE CUISSON

ÉCONOMIQUE

300 g de thon
2 échalotes
4 cuillères à soupe rases de mayonnaise
le jus d'1 citron non traité
1/2 botte de ciboulette
4 œufs de caille
16 tomates cerises rouges et jaunes
2 poignées de mâche
200 ml de vinaigrette
2 branches de cerfeuil
sel et poivre du moulin

Préparez une vinaigrette bien relevée dans le shaker TUPPERWARE. Faites cuire les œufs juste mollets 2 mn 15. Pressez le citron, ciselez* les échalotes et la ciboulette, effeuillez le cerfeuil. Épluchez, lavez et séparez feuille par feuille les bouquets de mâche. Mettez 4 assiettes au froid.

Retirez la peau de la darne* de thon, détachez la chair de l'arête et coupez-la en petits dés dans un bol modulaire 1 l TUPPERWARE. Ajoutez le hachis d'échalote, la ciboulette, le sel et le poivre, arrosez de jus de citron et mélangez. Versez la mayonnaise et remélangez. Rangez, tout autour de chaque assiette, les feuilles de mâche trempées dans la vinaigrette. Au centre disposez le thon en « tartare ». Épluchez les œufs, coupez-les en 2 sans faire couler le jaune et disposez 2 moitiés au centre du tartare. Entre celui-ci et la mâche, posez les tomates partagées en 2 et assaisonnées de vinaigrette, en alternant les jaunes et les rouges. Décorez de feuilles de cerfeuil et servez.

AUBERGE DE CONDÉ

FAITES CUIRE À L'AVANCE LES ŒUFS DE CAILLE, PAVEZ ET COUPEZ LE THON, MAIS NE LE MÉLANGEZ PAS À LA SAUCE QUI, ELLE AUSSI, PEUT ATTENDRE À PART. COUPEZ LA POULARDE ET ENVELOPPEZ LES MORCEAUX AU FRAIS AINSI QUE LES CAROTTES ÉPLUCHÉES. SI VOUS N'UTILISEZ PAS UN FOND DE VOLAILLE DU COMMERCE, FAITES CUIRE LA VEILLE AVEC LES LÉGUMES HABITUELS DES ABATTIS ACHETÉS CHEZ VOTRE VOLAILLER. REFROIDI, FILTRÉ, CE FOND SERA PRÊT POUR LE LENDEMAIN. LES RAVIOLES DE ROMANS SE TROUVENT CHEZ TOUS LES BONS TRAITEURS ET DANS CERTAINES GRANDES SURFACES.
POUR ACCOMPAGNER CE DÉLICIEUX REPAS RICHE, JE CONSEILLE UN CHABLIS.

# Poularde de Bresse à la briarde

FACILE

ASSEZ RAPIDE

MOYEN

1 poularde jeune et bien en chair
1 l de fond* de volaille
500 ml de cidre brut fermier
500 ml de crème fraîche double
75 g de beurre
50 g de moutarde de Meaux
16 petites carottes
200 g de ravioles de Romans
1/2 botte de persil simple
sel et poivre

Coupez la poularde en 4 parts. Mettez-les à cuire sur feu moyen, avec les abattis*. Comptez environ 15 mn selon la qualité et l'âge de la volaille.

Retirez les morceaux et tenez-les au chaud dans le Multi-service TUPPERWARE, pendant qu'à feu vif vous faites réduire de moitié le fond de cuisson mêlé au cidre.

Filtrez au-dessus d'une casserole moyenne et prélevez la valeur de la casserole pour cuire les petites carottes épluchées. Ajoutez, en mélangeant, la crème épaisse.

Réduisez sur feu moyen, jusqu'à ce que la sauce soit veloutée.

Chauffez, pendant ce temps, une grande casserole d'eau bien salée, pour faire cuire *al dente* les ravioles. Ciselez* le persil. Liez la sauce avec la moutarde et ajoutez, au fouet, le beurre par parcelles pour monter la sauce. Goûtez et rectifiez l'assaisonnement et tenez au chaud.

Chauffez 4 assiettes et un grand plat. Égouttez les ravioles et les carottes.

Disposez-les sur un plat avec, au centre, les 4 parts de poularde. Nappez* de sauce et offrez le reste en saucière chaude.

# Tulipes de pêches au Grand Marnier

DÉLICATE

LONGUE

RAISONNABLE

4 pêches blanches pochées (en bocal)
300 g de beurre en pommade
430 g (environ 12 œufs de 60 g) de blancs d'œufs
500 g de sucre glace
300 g de farine tamisée
zestes d'orange confits
1 l de lait bouilli
1 gousse de vanille
250 g de sucre en poudre
500 ml de glace au Grand Marnier

Séparez les blancs des jaunes avec le séparateur à œufs TUPPERWARE. Gardez 10 de ceux-ci et préparez une crème anglaise avec le lait, la vanille et le sucre en poudre.

Pour les tulipes, mettez le beurre (250 g bien mou) dans le bol mélangeur 2 l TUPPERWARE et travaillez-le avec le sucre glace. Lorsque le mélange est bien lisse, ajoutez la moitié des blancs d'œufs, en prélevant la valeur d'une cuillère à soupe à chaque fois. Travaillez bien entre chaque blanc, puis incorporez alors la farine, travaillez encore puis terminez la préparation en ajoutant le reste des blancs de la même façon.

Préchauffez le four th. 6. Sortez la plaque à pâtisserie et beurrez-la entièrement (50 g environ). Faites avec une cuillère des petits tas de la préparation en les séparant de 15 cm environ, puis aplatissez-les à l'aide du racloir TUPPERWARE afin d'obtenir des ronds très minces d'environ 12 cm de diamètre.

Enfournez jusqu'à coloration blanche et retirez aussitôt. Enroulez-les tout de suite, pendant qu'ils sont chauds en les moulant dans une petite tasse à déjeuner. Refaites une seconde plaque de la même façon après l'avoir grattée et beurrée à nouveau. Dans 4 assiettes à dessert bien froides, posez une tulipe, mettez dedans une boule de glace au Grand Marnier, versez la crème anglaise dans le fond de l'assiette et posez la pêche bien égouttée. Décorez avec les zestes confits émincés* en lanières. Servez aussitôt.

BOLLINGER
EXTRA

# PHILIPPE VALIN

Une superbe carte de poissons, crustacés et coquillages toute l'année (le Dodin a ses viviers personnels) et, dès l'automne, le plus grand choix de gibiers de Paris. Tout ici est réuni, belle salle rose, accueil attentionné de Danièle et Maurice CARTIER pour mettre en valeur le grand talent de Philippe VALIN qui n'a jamais triché sur la qualité et la fraîcheur des produits (il est tous les jours aux aurores à Rungis). L'imagination de ce chef et son sens inné des justes cuissons et des sauces goûteuses font de ce beau restaurant un lieu chéri des gourmands. Grande et intéressante carte des vins à des prix très doux.

DODIN BOUFFANT

25, rue Frédéric Sauton - 75005 PARIS
Tél. : (1) 43 25 25 14

Un menu dont les saveurs se répandent et se complètent et qui, fragmenté, peut se préparer à l'avance.
Le « caviar » d'aubergines se gardera sans problèmes 2 ou 3 jours au frais.
Les poivrons seront grillés et épluchés la veille et gardés dans de l'huile qui servira à la seconde cuisson de la lotte. Les fruits du dessert seront cuits la veille et resteront au frais dans le jus qu'ils rendront. Il restera le poisson coupé à l'avance à cuire ainsi que le sabayon.
Je conseille un Haut Médoc Château Desteau avec l'entrée, un Quincy blanc pour le poisson et avec la compote de fruits un Muscat de Beaumes-de-Venise.

DODIN BOUFFANT

# Caviar d'aubergines aux olives noires

FACILE

PAS TRÈS LONGUE

ÉCONOMIQUE

4 belles aubergines
2 gousses d'ail
1 citron non traité
12 olives noires moelleuses
70 ml d'huile d'olive extra-vierge
sel et poivre noir du moulin

Faites rôtir au four très chaud les aubergines lavées et conservées entières (sauf le pédoncule coupé) dans leur peau. Retournez-les après 6 mn et laissez cuire encore 7 à 8 mn. Vérifiez leur tendreté avant de les retirer sur une planche à découper.

Fendez-les en longueur et retirez la pulpe à l'aide d'une cuillère à café. Mettez cette pulpe dans une casserole ou une sauteuse non oxydables, avec le jus de citron. Travaillez avec une cuillère en bois, sur feu doux, pour les faire dessécher un peu.

Travaillez ensuite dans le bol batteur 1,5 l TUPPERWARE et, tout en versant l'huile en filet, fouettez* pour monter en crème légère. Poivrez mais ne salez pas encore.

Épluchez et hachez l'ail. Dénoyautez les olives, hachez-les au couteau assez finement. Mélangez dans le petit bol réfrigérateur TUPPERWARE ces deux éléments, puis incorporez-les en battant la crème. Goûtez le caviar et rectifiez l'assaisonnement selon votre goût.

Servez très froid sur du pain grillé chaud ce délicieux amuse-bouche.

# FILETS DE LOTTE AUX POIVRONS

FACILE

ASSEZ RAPIDE

CHER

850 g de lotte pris dans la partie épaisse
2 poivrons rouges
2 poivrons verts
2 cuillères à soupe rases d'huile d'olive
2 cuillères à soupe de crème fraîche
1/2 bottillon de ciboulette
1 noix de beurre
sel et poivre blanc du moulin

Allumez le gril du four et mettez à cuire dessous les poivrons lavés en les retournant de temps à autre.

Levez les filets de lotte, coupez-les en gros cubes, salez et poivrez. Faites-les cuire 2 mn à la vapeur (ils ne doivent pas être cuits mais encore « saignants »).

Égouttez-les sur la grille du bac à pocher TUPPERWARE, couvercle fermé, pour qu'ils restent chauds.

Épluchez et enlevez les graines des poivrons. Taillez ceux-ci en morceaux assez grands.

Chauffez l'huile dans une large sauteuse. Séchez les cubes de lotte avec du papier absorbant et mettez-les à cuire dans l'huile chaude, à feu moyen juste quelques minutes. Ajoutez les poivrons et la crème fraîche, rectifiez l'assaisonnement à votre goût. L'opération doit être rapide, le temps de chauffer un plat de service et les assiettes.

Retirez, avec la spatule TUPPERWARE, la lotte et les poivrons et posez-les sur le plat chaud. Remontez le feu sous la sauteuse pour faire réduire rapidement la sauce de moitié. Terminez la liaison de la sauce avec une noix de beurre. Ciselez* la ciboulette. Nappez* le plat de sauce, saupoudrez* de ciboulette et servez sans attendre.

# COMPOTE DE FRUITS ET SABAYON AU CHAMPAGNE

FACILE

MOYENNE

RAISONNABLE

2 poires Conférence
2 pommes Melrose ou Calvi
2 bananes mûres
1 petit ananas
1 citron non traité
4 jaunes d'œufs
100 g de sucre en poudre
200 ml de Champagne

Épluchez les fruits, coupez les pommes et les poires en deux ou en quatre et citronnez-les. Coupez les bananes en grosses rondelles que vous citronnez également. Coupez en cubes l'ananas.

Chauffez de l'eau dans le compartiment cuisson d'un cuit-vapeur et disposez pendant ce temps les pommes et les poires dans le compartiment perforé pour 5 mn de cuisson à « toute vapeur ». Ajoutez l'ananas et 5 mn après les bananes pour 2 mn. Éteignez et retirez après 1 mn.

Laissez refroidir et disposez sur le grand compotier TUPPERWARE.

Préparez le sabayon : dans une casserole inoxydable, battez au fouet ou au batteur électrique les jaunes avec le sucre jusqu'à ce que le mélange blanchisse.

Ajoutez en fouettant* un trait* de Champagne et posez sur feu moyen. Tout en continuant à fouetter, versez lentement le reste de Champagne jusqu'à ce que le sabayon soit devenu mousseux, épais et onctueux. Retirez du feu, battez encore quelques instants pour tiédir la masse.

Servez soit chaud, soit glacé (mis au congélateur, puis au réfrigérateur) avec les fruits.

# YVAN ZAPLATILEK

Dans le VIII^e arrondissement déjà riche en bons restaurants, Yvan ZAPLATILEK a su dénicher un établissement selon son cœur, où son talent peut s'épanouir. Mais Yvan tient à préciser qu'il ne fait pas de cuisine russe. Au contraire. « Ancien » du grand Romeyer de Bruxelles, il a su conserver ce qu'il y a de rassurant, de sage dans la cuisine belge pour s'en évader vers des trouvailles exotiques, des associations astucieuses, des assaisonnements insolites. Sa cuisine est, par ses inventions, son dépouillement et sa légèreté, parfaitement actuelle et fait courir tout le showbiz gourmand qui se plaît avec raison dans ce décor moderne où se mêlent, avec bonheur, bois clairs, miroirs et staff.

CHEZ YVAN

1 *bis*, rue Jean Mermoz - 75008 PARIS
Tél. : (1) 43 59 18 40

CHEZ YVAN

POUR CLORE CE LIVRE, RECUEIL DE GRANDES RECETTES CLASSIQUES, PARFOIS RÉINVENTÉES, VOICI UN MENU QUI ALLIE TRADITION ET CRÉATIVITÉ : LA TAPENADE PARFUME UN CANARD MARINÉ, LE BŒUF FICELLE, ACCOMPAGNÉ DE SES PETITS LÉGUMES, EST UN COMPROMIS IDÉAL ENTRE LA NOUVELLE CUISINE ET LE BON VIEUX POT-AU-FEU. LES FEUILLETS DE CHOCOLAT, PLEINS D'ESPRIT, ONT LES SAVEURS DE L'ENFANCE.

JE CONSEILLE POUR ACCOMPAGNER LA MARINADE DE CANARD UN ROSÉ DE PROVENCE, ET AVEC LE BŒUF FICELLE UN BOURGOGNE ROUGE.

# MARINADE DE CANARD À LA TAPENADE

FACILE

PAS DE CUISSON

RAISONNABLE

2 petits magrets de canard
1 douzaine de grosses olives dénoyautées
8 filets d'anchois au sel sans arêtes
1 cuillère à café de câpres
2 cuillères à soupe d'huile d'olive
1/2 bottillon de ciboulette
sel, poivre

Dégraissez un peu les magrets et placez-les 30 mn au freezer. Préparez pendant ce temps la tapenade. Mettez les anchois et les olives dans un mortier avec les câpres, l'huile, le poivre et pilez jusqu'à obtention d'une pâte homogène que vous réservez* au frais dans le petit bol réfrigérateur 400 ml TUPPERWARE.

Mettez les assiettes du repas au réfrigérateur, jusqu'au moment de la préparation. Sortez-les juste à ce moment.

Taillez les magrets en tranches les plus fines possible avec un grand couteau bien affûté ou au couteau électrique.

Disposez-les au fur et à mesure sur les assiettes. Avec un pinceau plat de cuisine, badigeonnez les tranches de tapenade. Parsemez de ciboulette ciselée* (ou d'une julienne* de champignons de Paris crus, très légèrement citronnés).

# BŒUF FICELLE AUX PETITS LÉGUMES

FACILE

RAPIDE

CHER

600 g de rumsteck
4 carottes moyennes
4 petits navets ronds
le cœur d'1 céleri branche
le cœur d'1 chou frisé
4 petits poireaux
100 g de champignons de Paris
8 petits oignons blancs
1 gousse d'ail
1 échalote
1 petit bouquet garni
1 bouquet de persil plat
1 cuillère à soupe de gros sel gris breton
12 grains de poivre noir
1 clou de girofle
25 g de beurre

Effeuillez le persil, réservez* les feuilles, liez les queues avec le thym et le laurier du bouquet garni. Ajoutez-lui une branche de céleri avec, au cœur, l'ail épluché et le clou de girofle. Épluchez les légumes, les oignons, l'échalote, lavez-les, laissez-les entiers. Bottelez les poireaux, coupez le cœur du chou en 4. Réservez les champignons de Paris. Portez 2 l d'eau à ébullition. Ajoutez le gros sel, le poivre légèrement écrasé, le bouquet garni, l'échalote. Plongez les légumes dans l'ordre : carottes, navets, petits oignons et poireaux et, 2 mn plus tard, le céleri et le chou. Laissez cuire le tout 8 mn de plus.

Chauffez le beurre dans une sauteuse posée sur feu doux. Déposez les champignons (coupés en 2 ou en 4 s'ils sont gros) dans le récipient, salez poivrez et couvrez. Laissez étuver* une dizaine de minutes, sans jamais faire prendre couleur.

Coupez le morceau de bœuf en 4 pavés d'environ 4 cm. Ficelez chaque pavé en croisant la ficelle et en laissant une longueur de 12 cm que vous terminez par une boucle bien solide.

Retirez les légumes avec une écumoire TUPPERWARE et déposez-les dans la sauteuse sur les champignons sans remuer. Ajoutez deux louches TUPPERWARE de bouillon dans la sauteuse et recouvrez aux 3/4. Chauffez 4 assiettes creuses et un plat creux, et attendez que tout le monde soit assis pour cuire la viande. Enfilez les boucles de ficelle sur le manche d'une longue cuillère en bois et plongez les pavés dans le liquide en pleine ébullition en posant la cuillère sur le récipient. Comptez 5 mn de cuisson. Retirez-les et déposez-les avec leur ficelle dans le plat chaud. Entourez-les des légumes avec le bouillon très parfumé. Offrez à part du raifort, de la vraie moutarde de Meaux.

# FEUILLETS DE CHOCOLAT AUX BANANES

DÉLICATE

PAS DE CUISSON

MOYEN

200 g de chocolat noir
4 bananes tigrées et mûres sans excès
1/2 citron non traité
500 ml de crème fraîche
100 g de sucre en poudre
100 ml de liqueur de banane
300 ml de crème anglaise

Recouvrez une grande planche à découper d'une feuille d'aluminium ménager et mettez à refroidir au réfrigérateur.

Cassez le chocolat en morceaux et faites-le fondre au bain-marie. Lorsque celui-ci est assez fondu pour être versé facilement, sortez la planche et versez le chocolat en une couche mince. Remettez au frais pour faire durcir.

Coupez les bananes en rondelles régulières avec la râpe multi-usages TUPPERWARE et pressez dessus le jus de citron. Réservez*. Montez la crème Chantilly dans le bol batteur 1,5 l TUPPERWARE, ajoutez le sucre et, lorsqu'elle est bien ferme, la liqueur de banane. Sortez la planche, découpez dans le chocolat des carrés de 7 cm de côté et décollez l'aluminium. Étalez un peu de Chantilly sur chaque carré, disposez dessus quelques rondelles de bananes et recommencez 3 fois l'opération afin d'obtenir un mille-feuille.

Disposez-le sur des assiettes à dessert froides et accompagnez d'une crème anglaise, préparée la veille et gardée au frais. (Évitez de travailler le chocolat dans un endroit chaud, touchez-le le moins possible et faites-le avec des mains fraîches.)

**ABAISSE** : désigne, en pâtisserie, un morceau de pâte aplati au rouleau.

**ABATS** : parties des animaux vendues en triperie.
Abats rouges : cœur, langue, foie, cervelle, oreille, museau, joue, rate, mou, rognons.
Abats blancs : fraise, panse, vessie, fressure, mamelle...

**ABATTIS** : le cou, la tête, les ailerons, les pattes, le gésier des volailles.

**APPAREIL** : préparation culinaire prête à la cuisson ou pâte à biscuit, à crème anglaise, à soufflé...

**BAIN-MARIE** : ustensile rempli d'eau chaude dans lequel on dépose un récipient qui contient l'aliment que l'on veut garder chaud, la préparation délicate que l'on veut cuire sans bouillir, comme les œufs brouillés ou le sabayon. Pour faire fondre du beurre ou du chocolat, utilisez un bol TUPPERWARE hermétique, fermez-le et placez-le dans un bol TUPPERWARE plus grand contenant de l'eau très chaude. Laissez 10 mn pour le beurre et 20 mn pour le chocolat. Ils seront à bonne consistance.

**BARDER** : recouvrir d'une « barde » (bande de lard) un morceau de viande ou de volaille pour le protéger pendant la cuisson.

**BLANCHIR** : mettre un ingrédient dans de l'eau froide (viande) ou bouillante (légumes) et porter à ébullition pour effectuer une précuisson.

**BLONDIR** : léger rissolage dans une matière grasse.

**BOTTELER** : ficeler une botte.

**BRAISER** : cuisson en récipient fermé avec très peu de sauce.

**BRIDER** : maintenir les ailes et les cuisses d'une volaille, d'un gibier à poils, à l'aide d'une aiguille et de ficelle ou de fil de cuisine.

**BRUNOISE** : façon de couper en dés minuscules des légumes que l'on fait ensuite étuver dans un corps gras (voir julienne, mirepoix).

**CASSONADE** : sucre roux, de canne à sucre, incomplètement raffiné, ce qui lui donne un léger parfum de rhum.

**CHÂTRER** : retirer le boyau noir de certains crustacés.

**CHEMISER** : enduire un moule de gelée, de beurre, de farine en couche mince ou en garnir l'intérieur de papier sulfurisé, siliconé, d'aluminium ménager.

**CISELER** : faire des incisions sur le dos d'un poisson lorsqu'il est épais pour en faciliter la cuisson. Fractionner aux ciseaux des herbes ou des verdures (voir julienne).

**CLARIFIER** : opération consistant soit à filtrer un bouillon pour le rendre limpide, soit à faire fondre du beurre à feu très doux pour le décanter et éliminer la caséine (dépôt blanchâtre formé au fond du récipient), ce qui empêche ainsi le beurre de brûler, noircir, à température élevée.

LEXIQUE

**COLORER** : faire prendre couleur à une viande, un légume en les cuisant dans une matière grasse.

**CONCASSER** : diviser en hachant au couteau un légume, un fruit...

**COURT-BOUILLON** : liquide aromatisé dans lequel on fait cuire ou pocher les poissons, les volailles ou les légumes.

**CUIRE À BLANC** : cuire dans un liquide additionné de farine, de vinaigre ou de citron avec un peu de matière grasse pour isoler l'aliment de l'oxydation.

**CUIRE À LA NAPPE** : cuire jusqu'à ce que la sauce soit suffisamment épaisse pour enrober la cuillère.

**DARNE** : tranche de poisson coupée à cru, perpendiculairement à l'arête.

**DÉGLACER** : mouiller avec de l'eau, du bouillon, du fumet, du vin ou de la crème, le récipient toujours sur le feu, où vient de rissoler, braiser, dorer, ou cuire, un ingrédient afin de détacher les sucs et de former une sauce.

DÉGORGER : faire tremper plus ou moins longtemps un ingrédient (abat, viande, poisson) pour le débarrasser des impuretés qu'il contient.

DÉLAYER : allonger une substance (farine, crème, sauce...) avec un liquide.

DÉTENDRE : éclaircir, allonger ou assouplir une préparation en ajoutant soit des œufs, soit du liquide.

DORER : passer un pinceau trempé dans de l'œuf battu sur une pâte devant cuire au four afin qu'elle se colore sous l'action de la chaleur.

ÉBARBER : couper les nageoires à l'aide de ciseaux avant la cuisson.

ÉCAILLER : retirer les écailles des poissons en les grattant avec un couteau ou un appareil spécial.

ÉCUMER : retirer à l'aide d'une écumoire l'écume ou les impuretés qui montent à la surface d'un liquide, d'une sauce, d'un ragoût ou des confitures.

ÉMINCER : détailler en tranches minces de la viande, des légumes, des champignons, des fruits.

ÉTUVER : cuire couvert, sans liquide, mais dans une matière grasse des viandes, des volailles, des poissons, des légumes, des fruits. On dit aussi à l'étouffée.

FLÉTRIR : faire cuire doucement un légume, un condiment jusqu'à ce qu'il soit attendri.

FOND : bouillon, jus (maigre ou gras) qui servent à « mouiller » les cuissons de ragoût, daube, sauces (on les trouve désormais dans le commerce).

FOUETTER : battre, vivement ou non, crème, sauce, blancs d'œufs avec un fouet, ustensile fait de fils métalliques serrés dans un manche.

FRÉMIR : n'est pas bouillir. C'est juste avant le bouillonnement et c'est la meilleure température.

FUMET : cuisson réduite d'ingrédients dans un liquide aromatisé qui sert à pocher du poisson, des crustacés...

JULIENNE : façon de tailler en fins bâtonnets des légumes ou des viandes.

LUTER : souder avant cuisson les deux bords d'un couvercle et d'un récipient à l'aide d'une pâte de farine et d'eau assez liquide dans laquelle on trempe une bande de papier ou de toile.

MACÉRATION/MARINADE : opérations qui consistent à faire macérer (tremper un court moment) diverses substances dans un peu de liquide aromatique ou dans des herbes, ou mariner (le liquide est plus abondant, le temps du « bain » plus long). La marinade sert à cuire ces substances, généralement des viandes ou des poissons.

MIJOTER : faire cuire à très petit feu (ragoûts, braisés, etc.).

MIREPOIX : divers légumes ou certaines chairs taillés en très petits cubes.

MOUILLER : ajouter un liquide à une préparation. Le mot mouillement désigne le liquide utilisé (vin, sauce, bouillon, fonds, fumet, etc.)

MONDER : retirer la pellicule, la peau des amandes, noix, pistaches et noisettes.

NAGE : mode de cuisson dans du vin, du bouillon ou un fumet plus souvent réservé aux crustacés.

NAPPER : recouvrir de sauce un mets préparé et posé sur le plat de service ou sur l'assiette.

OURLER : replier (pour une pâte) pour former un ourlet.

PARURES : toutes les parties retirées (peau, arêtes, os, nerfs, etc.) avant cuisson, servant à préparer des bouillons, fumets, fonds, sauces...

PERSILLADE : mélange, en proportions variables, de persil ciselé et d'ail haché.

POCHER : cuire rapidement dans un liquide bouillant.

**RAIDIR** : passer rapidement et à feu vif, dans une poêle et dans un corps gras très chaud, une viande, du poisson ou des légumes.

**RÉSERVER** : mettre de côté, en attente.

**SAUPOUDRER** : poudrer un aliment de farine, de sucre, de sel. Mais aussi d'herbes ciselées, d'épices en poudre ou concassées.

**SUC** : liquide plus ou moins épais que l'on obtient en pressant un ingrédient cuit ou cru.

**SUER** : faire suer consiste à faire sortir l'humidité contenue dans un aliment — volaille, viande, légumes —, dans un récipient, couvercle posé, avec une matière grasse.

**TRAIT** : se dit pour la liqueur, le jus de citron, et correspond à la valeur d'une petite cuillère.

**TRONÇONNER** : couper un ingrédient en un morceau plus long que large.

**VIDER** : retirer les entrailles, les œufs, les laitances d'un poisson ou les abats d'un gibier.

# *ENTRÉES*



# *VIANDES*

## POISSONS



## DESSERTS

NOUS REMERCIONS ÉGALEMENT
TOUS CEUX QUI ONT PARTICIPÉ
À LA MISE EN VALEUR
DE LA PRÉSENTATION DES PLATS :

APILCO - BALIA - CHAMBLY - CHRISTOFLE
CLAUDINE MARTIN - ERCUIS - GBA LIMOGES
HAVILAND - LAFARGE
LA LIBRAIRIE GOURMANDE - LINVOSGES
MORA - MOUTET - NIDERVILLER
PHILIPPE DESHOULIERE - ALAIN PINET
PRIMEROSE BORDIER - QUARTZ - 14 JUILLET
RIBEAUVILLE - VERRERIE D'ARQUES
VERRIERE DES HOULIS - VILLEROY & BOCH
YVES HALARD

CRÉDITS PHOTOGRAPHIQUES :

(C) P. BALDINI, P. 129
(C) A.-L. BARON-SIOU,
P. 29, 37, 45, 49, 77, 89, 101, 105, 113
(C) F. JALAIN, P. 81
(C) A. MARTIN, P. 53
(C) J.-F. RABILLON, P. 21

CRÉATION, CONCEPTION, ÉLABORATION :
ACCORDIA

MAQUETTE : MIC & WIL

CET OUVRAGE
A ÉTÉ COMPOSÉ
PAR CHARENTE-PHOTOGRAVURE À ANGOULÊME
IMPRIMÉ ET RELIÉ PAR
L'IMPRIMERIE POLLINA À LUÇON
POUR LES ÉDITIONS ALBIN MICHEL

ACHEVÉ D'IMPRIMER EN MARS 1991
N° D'ÉDITION : 11619. N° D'IMPRESSION : 13548
DÉPÔT LÉGAL : MARS 1991